AF559069

Landpartie

Grand Tirolia

Mit unserer Bildbandreihe LANDPARTIE haben wir es uns zur Aufgabe gemacht, wunderschöne Orte zu erkunden und liebenswerte Verwöhnadressen ausfindig zu machen, die den Alltag in weite Ferne rücken lassen. Wohin die Reise geht – ob man eine Landpartie in die herrliche Natur des Schwarzwaldes unternimmt, lange Strandspaziergänge an der deutschen Nord- und Ostseeküste bevorzugt oder die Magie der schönsten Regionen Österreiches oder Südtirols genießt, das entscheidet natürlich letztendlich nur der eigene Gusto. Idyllische Landschaften, eine ausgezeichnete Kulinarik, entspannende Wellnessfreuden und herzliche Gastfreundschaft vereinen sich in allen vorgestellten Häusern zu einer perfekten Symbiose. Vielleicht kann man ja auch eine kleine Auszeit nutzen, um etwas für die eigene Gesundheit zu tun. Wie zum Beispiel im neuen Hotel Luisenhöhe, einem innovativen Gesundheitsresort, das sich inmitten der einzigartigen Naturlandschaft des UNESCO-Biosphärengebiets in Horben im Schwarzwald befindet. Die Luisenhöhe ist ein Naturort voller Energie und Begeisterung. Hier fühlt man vom ersten Moment den positiven Einfluss der Natur, der im gesamten Resort zu spüren ist. Die Luisenhöhe ist ein Geheimtipp voller Gastfreundschaft, des kulinarischen Genusses und einer natürlichen Gesundkultur, die das (Er-)Leben einzigartig macht. Ebenso erlebenswert ist die neue Villa WOSSA im PRIESTEREGG Premium ECO Resort in Leogang. Dieses traumhafte Chalet ist eine Hommage an das Element Wasser. Aber auch im Schloss Weitenburg, im Gut Bardenhagen, im Schlossgut Groß Schwansee oder im gerade eröffneten 1884 Norderney, das wirklich in einzigartiger Poleposition auf der beliebten Nordseeinsel liegt, erlebt man unvergessliche und einzigartige Urlaubstage.

Thomas Klocke Martina Klocke

Thomas und Martina Klocke
HERAUSGEBER

Landpartie

Die schönsten Hotel- und Genießeroasen
Band 25

Klocke Verlag GmbH
Höfeweg 40, 33619 Bielefeld
Telefon: 05 21 / 9 11 11-0, Telefax: 05 21 / 9 11 11-12
E-Mail: info@klocke-verlag.de
Internet: www.klocke-verlag.de

1. Auflage 2023

Titelfoto:
Luisenhöhe – Gesundheitsresort Schwarzwald, Horben, Deutschland

Fotos:
vorgestellte Hotels

Texte:
Gabriele Isringhausen, Andrea Bala, Bernd Teichgräber

Grafische Gestaltung:
Sabina Winkelnkemper, Claudia Stepputtis

Bildbearbeitung:
Klocke Medienservice, Holger Schönfeld, Birgit Lahode, Janina Vordenbäumen

Produktion: Claudia Schwarz, Diana Wilking

Vertrieb: Stephan Klocke

Druck: Kolibri Druck – Zeitfracht Medien, Nürnberg

Gedruckt auf Magnogloss – ein Produkt der IGEPA

Printed in Germany

ISBN: 978-3-9822454-9-2

INHALT

Luisenhöhe – Gesundheitsresort Schwarzwald

Hotel Zur Kloster-Mühle

Hotel-Gasthof ADLER

Victor's Seehotel Weingärtner

Parkhotel St. Leonhard

Hotel Heinz

Seehotel Maria Laach

Alpglück Chalets

Romantik Hotel Schloss Weitenburg

Seewirt Mattsee

Hotel GUT Bardenhagen

Grand Tirolia

Schlossgut Gross Schwansee

Benglerwald Berg Chaletdorf

Hotel 1884 Norderney

Hotel Arpuria

Le Chalet – Luxury Hideaway

Hotel Maiensee

Villa Wossa
im PRIESTEREGG
Premium ECO Resort

Jerzner Hof

Gourmet- und Genießerhotel
Minglers Sportalm

Tratterhof
Mountain Sky Hotel

Hotel Thierseerhof

Romantik Hotel
Muottas Muragl

LUISENHÖHE – GESUNDHEITSRESORT SCHWARZWALD

Gastgeber: Niels und Caroline Möller.

Endlos scheinende Wälder, Täler, tiefe Schluchten, kristallklare Seen, gesunde Luft, viel Ruhe, alte Traditionen, pittoreske Dörfer und zauberhafte Städte wie Freiburg im Breisgau – all das verbindet man mit dem Schwarzwald. Es ist das größte zusammenhängende Waldgebiet Deutschlands. Das moderne Luxusresort Luisenhöhe liegt idyllisch in 600 Meter Höhe auf einem Hochplateau am Westhang des Schauinsland-Massivs im UNESCO-Biosphärengebiet Schwarzwald. Der Freiburger Hausberg macht seinem Namen alle Ehre. Er begeistert mit einer traumhaften Aussicht auf die Stadt bis hin zu den Vogesen, auf die Rheinebene und gibt den Blick auf die Alpen frei.

Das neue architektonische Juwel auf der Luisenhöhe präsentiert sich als ein besonderer Rückzugs- und inspirierender Kraftort für Menschen, die modernen Luxus wie Ruhe, Raum, Freiheit, Zeit, Individualität, Vielfalt, Authentizität und Geborgenheit inmitten der unberührten Natur des Südschwarzwaldes zu schätzen wissen. Mit seiner beeindruckenden organischen, den Höhenlinien angepassten Architektur vermittelt das Hotelresort ein Gefühl der Leichtigkeit, Zufriedenheit und des Glücks. Dazu tragen natürlich auch die Gastgeber Caroline und Niels Möller sowie ihr hoch motiviertes Team bei. Wunderschöne Zimmer und Suiten vereinen modernen Luxus und stilvolles Design zu einer perfekten Harmonie. Große Fenster oder Terrassen ermöglichen einen atemberaubenden Blick auf die einzigartige Landschaft. Modernste Bäder und hochwertige Betten – aus besten Naturmaterialien in traditioneller Handarbeit gefertigt – sorgen für besten Schlafkomfort. Das Hotel zeichnet sich zudem besonders durch sein vorbildliches Engagement für Nachhaltigkeit, Klima- und Umweltschutz aus.

Die Luisenhöhe ist für Caroline und Niels Möller mehr als nur ein Resort – es ist ihre tägliche Inspiration für einen ausgeglichenen Lebensstil. Ankommen und sich zu Hause fühlen, das gilt nicht nur für sie selbst, sondern ebenso für ihre Gäste.

Neben einem inspirierenden Ambiente bieten die sympathischen Gastgeber auch erlesene Gaumenfreuden. Für den Genuss zeichnet Niels Möller persönlich verantwortlich. Der 30-Jährige kann bereits auf eine außergewöhnliche Koch-Karriere blicken. Nun erfüllt sich für Niels Möller ein Traum: Gastgeber und Chef de Cuisine auf der Luisenhöhe! Stolz präsentiert er mit seiner engagierten Küchenbrigade eine außergewöhnliche kulinarische Philosophie, die von Kreativität, höchster Qualität und purer Leidenschaft geprägt ist. Regionalität sowie erstklassige frische Produkte stehen dabei im Fokus. Die gastronomischen Einrichtungen, darunter das Restaurant LUISE, die einladende Kaminlounge und die beeindruckende MehrblickBAR, bieten eine Vielfalt von Möglichkeiten, sich verwöhnen zu lassen.

Auf der Luisenhöhe wird Gesundheit großgeschrieben. Das zeigt sich auch im beeindruckenden GesundKunft®-SPA Schwarzwald. Es erstreckt sich über eine großzügige In- und Outdoorfläche von 4400 Quadratmetern und bietet ein umfassendes Angebot an Medical Fitness-, Wellness- und Beauty-Angeboten. Die großzügigen Sauna- und Wasserlandschaften sowie zahlreiche Wohlfühl- und Rückzugsplätze bieten die besten Voraussetzungen, um die Philosophie des Gesundheitsresorts „natürlich. gesund. leben." in die Tat umzusetzen. Dieses Lebensstil-Motto, vereint mit dem GesundKunft®-Konzept, garantiert ein besonderes und nachwirkendes „360°-Gesundheitserlebnis". Das GesundKunft®-Konzept für eine gesunde Zukunft begleitet die Gäste durch drei zentrale Themen- und Lebenswelten: Gastfreundschaft, Genussgastronomie und Gesundheit. Eine gesunde Schlaf- und Regenerationskultur, eine köstliche, ausgewogene Ernährung sowie aktive Bewegung bilden dabei gemeinsam die perfekte Trilogie.

Natürlich ist dieses besondere Haus der ideale Ausgangspunkt für vielfältige Aktivitäten in der Schwarzwaldregion Freiburg, dem Dreiländereck, wo Deutschland, Frankreich und die Schweiz aufeinandertreffen. Ob Wandern, Radfahren, Golfen, Wintersport oder kulturelle Entdeckungen – die Region bietet Raum für faszinierende, individuelle Aktivitäten.

Luisenhöhe – Gesundheitsresort Schwarzwald
Gastgeber: Caroline und Niels Möller
Luisenhöhestraße 14
D-79289 Horben
T: 07 61 / 1 37 33 - 0
info@luisenhoehe-hotel.de
www.luisenhoehe-hotel.de
83 Zimmer, davon 24 Suiten
DZ ab 590 Euro inkl. u.a. Frühstück und Vier-Gänge-Abendmenü, Nutzung des GesundKunft®-SPA Schwarzwald

HOTEL ZUR KLOSTER-MÜHLE

So, als sei es ein wenig der Zeit entflohen, liegt in der wunderschönen Natur der norddeutschen Geestlandschaft, ziemlich genau in der Mitte zwischen Hamburg und Bremen, ein Ensemble verschiedener Fachwerkhäuser, die die herrliche Kulisse eines ehemaligen Landgutes mit über 750 Jahren Geschichte bilden. Fürwahr, das Hotel und Restaurant Zur Kloster-Mühle in dem kleinen Ort Kuhmühlen ist ein Ort der Ruhe und Entspannung, ein stadtfernes Refugium, nach dem sich so viele in unserer oft hektischen Zeit sehnen.

Bei Carola Klindworth kann man bei allen Annehmlichkeiten modernen Hotelkomforts in einer kleinen, heilen Welt ausspannen und sich, von all den „dienstbaren Geistern" des Hauses liebevoll umsorgt, ganz und gar zu Hause und unter Freunden fühlen. „Unsere Gäste schätzen die Erholung und Entspannung in einem stilvollen und gepflegten Ambiente", erklärt Carola Klindworth, die das stadtferne Kleinod seit 2003 betreibt. „Wir legen viel Wert auf eine persönliche Atmosphäre. Unsere Gäste sollen sich bei uns wohlfühlen. Unser Hotel verbindet Reiselust und Genuss mit nachhaltigem Lifestyle! Seit 2020 sind wir auch mit dem Nachhaltigkeitssiegel GreenSign vom InfraCert – Institut für nachhaltige Entwicklung in der Hotellerie – zertifiziert", so die Gastgeberin.

Wer im Hotel logiert, ist schnell angekommen, fühlt sich in den behaglichen und individuell eingerichteten Zimmern mit persönlicher Note schnell daheim. Ein harmonischer Mix

Unsern Ausgang segne Gott
Erbaut 1905
HOTEL

aus Alt und Modern ist dort geglückt. Nicht wenige Gäste lieben den Charme des Wellnesszimmers. Mit eigener Sauna, Whirlwanne und der großen Massagedusche ist es ein besonderes Highlight des Hauses.

Wo einst das Mühlrad klapperte, werden heute Gäste kulinarisch vortrefflich verwöhnt. Das beginnt schon nach einer ruhig durchschlafenen Nacht mit einem umfangreichen Frühstücksbüfett, das im Sommer auf den idyllischen Terrassenplätzen am Ufer des Mühlenteichs für einen stimmungsvollen Start in den Tag sorgt. Anschließend laden die Nordpfade als ausgezeichnete Wanderwege zu einem ausgedehnten Spaziergang in der herrlichen Natur ein. Wie es sich für eines der schönsten Landhotels gehört, verleugnet auch die weit über die Grenzen der Region hinaus bekannte vorzügliche Kulinarik ihre Attraktivität nicht. Aufgetischt für den fachkundigen Gaumen werden leckere Gerichte der regionalen und saisonalen Küche. Im Innenbereich besticht das Restaurant durch sein geschmackvolles, modernes Ambiente. Im Garten speisen die Gäste unter Kastanien mit Blick auf den verträumten Mühlenteich.

Wo ein besonderer Anlass einen besonderen Ort braucht, offeriert das Hideaway auch den stimmungsvollen Rahmen für allerlei Festivitäten. Und natürlich fühlen sich Kultur- und Städtereisende an diesem herrlichen Fleckchen Erde gemeinhin besonders wohl. Die benachbarten Künstlerdörfer Fischerhude und Worpswede werden auch heute noch von vielen aktiven Künstlern bewohnt und beherbergen zahlreiche Museen, Galerien und Ateliers. Die Schönheit der Landschaft vor der Haustür erschließt sich sportlich Aktiven beim Fahrradfahren und Golfen, bei Wanderungen und Spaziergängen. Ein Refugium für jede Jahreszeit!

Hotel Zur Kloster-Mühle
Kuhmühler Weg 7
D-27419 Groß Meckelsen / Kuhmühlen
T: 00 49 / 42 82 / 5 94 19-0
info@hotel-kloster-muehle.de
www.hotel-kloster-muehle.de

HOTEL-GASTHOF ADLER

Im malerischen Allgäuer Hügelland, rund 80 Kilometer südwestlich von München, liegt die weltberühmte Kur- und Kneippstadt Bad Wörishofen. Es war die Wirkungsstätte von Sebastian Kneipp, dem Namensgeber der hocheffizienten, weltberühmten Kneipp-Therapie (UNESCO-Kulturerbe) und es ist die Heimat von Alexander Trommer. Gemeinsam mit seiner Frau Petra führt der Hotelier im Herzen der Kurstadt in vierter Generation ein besonders zauberhaftes Domizil: das Hotel-Gasthof ADLER (anno 1492 erstmals urkundlich erwähnt). Beim Betreten des Foyers fällt ein Adler mit weiten Schwingen ins Auge. Geschaffen hat ihn der Tiroler Holzbildhauermeister Stefan Käser. Der imposante Greifvogel steht für Mut, Kraft und Weitblick. Nomen, die man durchaus auch der Gastgeberfamilie zuschreiben kann. Immer wieder haben sie ihr Traditionshaus dem Zeitgeist angepasst, renoviert, umgebaut. So entstanden jüngst wunderschöne, gemütliche Deluxe Zimmer. Sie bieten viel Freiraum und eine gehobene Ausstattung, u.a. Flachbild-TV, Kachelofen mit Sitzecke, Mini-Bar, Doppelbett in Überlänge 200 x 220 cm inkl. verstellbarem Lattenrost, Bad mit Whirlwanne. Natürliche Materialien wie Holz, Leder, warme Stoffe und Farben sowie liebevoll ausgesuchte Accessoires vereinen sich zu einem harmonischen Gesamtbild. Einzigartig präsentiert sich die ADLER Tenne. Hier erwartet die Gäste eine feinbürgerliche Küche auf höchstem Niveau. Die Gastgeber legen dabei größten Wert auf frische, regional-saisonale Produkte, die sie überwiegend bei Bauern und Produzenten aus der näheren Umgebung beziehen. Verführerisch lockt die Speisekarte, macht Appetit – zum Beispiel auf einen Allgäuer

Gastgeber: Alexander und Petra Trommer.

Rostbraten, auf Käsespätzle, auf Saiblingsfilet, ein feines Chateaubriand oder einen himmlisch leckeren Kaiserschmarrn. Auch das Ambiente in den Gaststuben „Die alte Brauerei" und der ADLER Zirbenstube lädt zum Genießen ein – ebenso wie einer der schönsten Biergärten der Region. Die ADLER Tenne ist ein beeindruckender Rahmen für Events (bis 200 Personen), private Feiern und unvergessliche Hochzeiten. Zu all den Köstlichkeiten passt natürlich ein guter Tropfen aus dem Weinkeller, aber ebenso hervorragend ein ADLER Weißbier oder eine der anderen Bierspezialitäten des Hauses. Unbedingt probieren sollte man den hausgemachten ADLER Bierlikör! Die Spezialität aus Starkbier wird in liebevoller Handarbeit hergestellt und vereint würzige Hopfenaromen mit karamelliger Süße und einer feinen Malznote. Entspannung für Körper und Seele gibt es im neuen schicken Wellnessbereich. Er besticht durch sein gelungenes Design, das wie der Rest des Hauses von edlen Naturmaterialien geprägt ist. Die Gäste können sich ganz klassisch in einer 85 Grad heißen Sauna entspannen oder bei 60 Grad die sanfte Wärme des Sanariums genießen. Neben einem Dampfbad bietet der Wellnessbereich den ADLER Energieraum, in dem Salzsteine in Verbindung mit Infrarot dafür sorgen, dass Stoffwechsel und Durchblutung so richtig in Schwung kommen. Optimale Abkühlung spenden ein imposanter Eisbrunnen und stilvolle Erlebnisduschen. Außerdem kann man sich mit einer wohltuenden Wellnessmassage verwöhnen und anschließend im Ruheraum die Seele baumeln lassen. In der Pfarrer-Kneipp-Stadt Bad Wörishofen darf natürlich ein ansprechend gestaltetes Kneipp-Tretbecken nicht fehlen. Golf-Liebhaber freuen sich über den 18-Loch-Platz des Golfclubs Bad Wörishofen, Sport- und Naturfreunde über unzählige Wanderwege und Biker-Strecken. Darüber hinaus laden entlang der Kurpromenade in Bad Wörishofen individuelle Geschäfte, Cafés und Museen zum Bummeln und Entdecken ein.

Hotel-Gasthof ADLER
Gastgeber: Familie Trommer
Hauptstraße 40
D-86825 Bad Wörishofen
T: 0 82 47 / 9 63 60
info@adler-bw.de
www.adler-bw.de
40 Zimmer
Übernachtungspreise:
nach Saison und Kategorie
4 Wallboxen für Elektro- oder Hyrbidautos

VICTOR'S SEEHOTEL WEINGÄRTNER

Herzlich willkommen im Victor's Seehotel Weingärtner – ein Haus mit Tradition, jedoch immer am Puls der Zeit. Seit seiner Eröffnung im Jahr 1977 begrüßt Hoteldirektor Gerold Weingärtner hier Gäste aus nah und fern. Heute wird er von Co-Direktorin Cindy Manfra ebenso tatkräftig wie herzlich unterstützt. Gelebte Gastlichkeit und der einladende Landhaus-Charme sind die Markenzeichen des Vier-Sterne-Hotels, das nur einen Steinwurf entfernt vom idyllischen Bostalsee, dem größten Freizeitsee Südwestdeutschlands, im saarländischen Nohfelden-Bosen liegt.

Bis heute ist das traditionsreiche Haus ständig im Wandel und setzt immer neue Maßstäbe. 2018 wurde es zum ersten Bogensporthotel des Saarlandes mit eigenem 3D-Trainingsareal inklusive olympischer Bogenwiese, welche von den Hotelgästen kostenfrei genutzt werden kann.

© Marc André Stiebel

In 88 liebevoll eingerichteten Zimmern und Junior-Suiten – größtenteils mit Balkon ausgestattet – ist die Gemütlichkeit zu Hause. Und kein Raum gleicht dem anderen: Vom romantischen Landhausflair bis zur modernen Eleganz finden sich hier verschiedene Stile, die in ihrer Gesamtheit den besonderen Charme des Seehotels vereinen.

Für kulinarische Genussmomente sorgen Weingärtners Genießerstuben – das sind vier charmante Stuben mit behaglichem Landhausflair: die einladende Wirtsstube, die naturverbundene Kräuterstube, die traditionelle Kaminstube und die kleine, aber feine Elsässerstube. Auf der Speisekarte

© Paul Mukian

finden sich regionale Köstlichkeiten und moderne Kreationen – viele davon mit pflückfrischen Kräutern aus dem hauseigenen Kräutergarten, den die Gäste auch selbst besuchen können.

Der kleine Wellnessbereich eignet sich zu jeder Jahreszeit und bei jedem Wetter bestens zum Energietanken und Entspannen, zum Beispiel im Innenpool mit Bergsee-Panorama oder im Whirlpool. An warmen Tagen lädt der ruhige und gepflegte Garten mit bequemen Liegen zum Sonnenbaden ein. Auch in der Sauna sind reine Tiefenentspannung und frische Vitalität garantiert.

Direkt neben dem Hotel befindet sich das charmante Victor's Romantik Spa. Hier können Übernachtungs- und auch Tagesgäste ihre ganz persönliche Verwöhnauszeit mit aromatischen, vitalisierenden Massagen sowie Beauty-Treatments für den ganzen Körper genießen.

© Paul Mukian

© Andreas Schlichter

Rund um das Hotel warten zahlreiche Freizeitaktivitäten darauf, entdeckt zu werden – allen voran der nur fünf entspannte Gehminuten entfernte Bostalsee. Hier lässt es sich wunderbar baden, angeln, segeln oder Tretboot fahren. In der Hochsaison ist vor allem das Strandbad mit großem Sandstrand, Kinderspielplatz und Beachvolleyball-Feldern der Sommer-Treffpunkt Nummer eins. Außerdem werden am Seehafen Leihfahrräder, E-Bikes und geführte Segway-Touren angeboten. Nicht nur rund um den Bostalsee, sondern im gesamten Sankt Wendeler Land, welches inmitten des Nationalparks Saar-Hunsrück liegt, dürfen sich Aktivurlauber auf ein hervorragendes Rad- und Wanderwegenetz mit vielen Premiumwanderwegen freuen.

Übrigens: Ab zwei Übernachtungen erhalten Freizeitgäste im Victor's Seehotel Weingärtner die kostenlose digitale Saarland Card, die freien Eintritt zu über 100 Attraktionen in der Region sowie freie Fahrt mit Bus und Bahn im gesamten Saarland bietet.

Victor's Seehotel Weingärtner
Bostalstraße 12
D-66625 Nohfelden-Bosen
T: 0 68 52 / 8 89-0
info.nohfelden@victors.de
www.victors.de/weingaertner

PARKHOTEL ST. LEONHARD

Wer hier an einem milden Abend bei einem Gläschen Wein mit Blick auf den Bodensee den Sonnenuntergang genießt, der fühlt sich fast wie am Mittelmeer. Die Region um Deutschlands größten See vereint mediterranes Flair mit dem Reiz einer hügeligen Voralpenlandschaft und gehört zu den schönsten Fleckchen Erde Europas. Ganzjährig einen Besuch wert sind die traditionellen Fischerorte, die Weindörfer und die zauberhaften Städte, zu denen am Nordufer des Bodensees Überlingen zählt. Mittelalterliche Bauwerke prägen das Stadtbild ebenso wie der unter Denkmalschutz stehende Stadtgarten mit seinen eindrucksvollen Baumriesen. Das mediterrane Klima lässt exotische Pflanzen und Kakteen bestens gedeihen. Der ausgeschilderte „Gartenkulturpfad" verbindet auf rund vier Kilometern Länge wunderbar angelegte Parks und Gärten der „Gartenstadt am See" miteinander. Wie eine Loge über dem Alltag erwartet das Parkhotel St. Leonhard in Überlingen seine Gäste. Anno 1896 erbaut, wurde das inmitten einer zauberhaften Parkanlage gelegene Domizil immer wieder erweitert, modernisiert und am Puls der Zeit gehalten. Es ist eine Oase, die Körper und Seele in Einklang bringt, weil man sich einfach nur wohlfühlt und alles genießen kann, was dieses Vier-Sterne-Refugium zu bieten hat. Zum Beispiel klassische, individuelle Zimmer – größtenteils mit Terrasse oder Balkon und überwiegend mit Seeblick. Sie alle verfügen über einen höchstmöglichen Komfort – Bäder, Telefon, Satelliten-TV, Safe, Fön, Minibar, WLAN sowie kuschelige Badeutensilien für den Aufenthalt im großzügigen Spa- und Wellnessbereich. Hier werden die Gäste mit entspannenden

©Rainer Bohna

© Rainer Bohna

Wellnessbehandlungen, Ayurvedamassagen, einem wohltuenden Bad in der Crystal-Wanne oder Beauty Treatments (Maria Galland) verwöhnt. Mit einem ganz anderen Verwöhnprogramm überzeugt die Küchenbrigade. Die engagierten Köche sind ein eingespieltes Team am Herd und begeistern mit regional-mediterranen Speisen. Ihre Produkte wie Fisch, Wild, Geflügel, Obst und Gemüse beziehen sie aus den Orten rund um den Bodensee, Kräuter wachsen im eigenen Garten. Genießen kann man all die Köstlichkeiten sowie edlen Tropfen heimischer und europäischer Winzer im hauseigenen Restaurant. Bei warmen Temperaturen lockt die Terrasse mit Alpenpanorama und Blick auf den Bodensee. Im Pavillon werden nachmittags leckere hausgebackene Kuchen serviert, in der Hausbar kann man den Abend mit einem Cocktail oder einem Absacker ausklingen lassen. „Die Region rund um den See ist eine Schatzkammer ausgezeichneter Weine und hervorragender Lebensmittel, da können wir wirklich aus dem Vollen schöpfen“, sagt Hoteldirektor und Geschäftsführer Thomas Wiggenhauser. Nach Lehr- und Wanderjahren, die ihn in leitende Positionen u.a. ins luxuriöse Fünf-Sterne-Haus ArabellaSheraton Grand Hotel nach München führten, ist der 44-Jährige in seine schöne Heimatstadt Überlingen zurückgekehrt. Mit großem Engagement und viel Herzlichkeit leitet er seit dem Sommer 2021 das Parkhotel St. Leonhard mit über 100 Mitarbeitern. Die Atmosphäre im Haus ist wohltuend angenehm, die Räumlichkeiten laden zum Verweilen ein. An diesem Ort fühlt sich jeder Gast sofort willkommen! Für Seminare stehen Tagungsräume von 18 bis 200 Quadratmetern mit modernstem Equipment zur Verfügung. Darüber hinaus ist das Parkhotel St. Leonhard mit Bankettsaal und Grillhütte eine zauberhafte Location für Geburtstage, Events und unvergessliche Hochzeiten. Gern wird dem Brautpaar ein attraktives Gesamtpaket geschnürt.

Parkhotel St. Leonhard
Hoteldirektor:
Thomas Wiggenhauser
Obere St.-Leonhard-Str. 71
D-88662 Überlingen/
Bodensee
T: 0 75 51 / 8 08-100
F: 0 75 51 / 8 08-531
info@parkhotel-sankt-leonhard.de
www.parkhotel-st-leonhard.de
180 Zimmer und Suiten
Übernachtungspreise nach Saison und Kategorie
Diverse Arrangements
Öffnungszeiten Küche:
12.00 – 14.00 Uhr,
18.00 – 22.00 Uhr
Hunde: 29 Euro pro Tag
Entfernung Flughafen
Friedrichshafen: 29 km

HOTEL HEINZ

Ein erholsamer Kurzurlaub, romantische Tage zu zweit oder eine intensive Auszeit allein – das Hotel Heinz verbindet Wellness, Wohlfühlen und Genießen. Ideal gelegen zwischen Köln und Frankfurt, inmitten der herrlichen Natur des Westerwaldes, erfüllt das Hotel Heinz in Höhr-Grenzhausen nun seit über 100 Jahren die Urlaubsträume seiner Besucher. Dabei hat die Familie Heinz stets das Ziel, Vier-Sterne-Wohnkomfort mit einer einzigartigen Wohlfühlatmosphäre und dem ungezwungenen Charme eines Familienbetriebs zu verbinden.

Besonders im Winter zeigt sich der Westerwald von seiner märchenhaften Seite. Direkt vor der Tür des Hotel Heinz wartet ein verwunschener Winterwald und lädt zu ausgedehnten Spaziergängen an der frischen Luft ein. Zurück in der warmen Stube lässt sich eine heiße Schokolade oder eine hausgemachte warme Suppe genießen. Danach ein ausgedehnter Besuch im hauseigenen Wellnessbereich und ein heißer Saunaaufguss – perfekt, um sich aufzuwärmen und das Immunsystem nachhaltig zu stärken. Erleben, genießen, zur Ruhe kommen: Besonders im Herbst und im Winter bietet ein Aufenthalt im Hotel Heinz die perfekte Gelegenheit für eine erholsame Auszeit.

Nicht umsonst zählt das Hotel Heinz zu den vielseitigsten Wellness-Hotels Deutschlands. 1919 gegründet, führt die Familie Heinz das erfolgreiche Landhotel heute in dritter und vierter Generation. Im Jahr 2022 erhielt das Hotel Heinz unter anderem den rheinland-pfälzi-

schen Tourismuspreis in der Kategorie „Gastgeber des Jahres". Mit viel Fingerspitzengefühl und Liebe zum Detail wurden über die Jahre Gebäudeteile der Jahrhundertwende und moderne Anbauten zu einem herrlichen Hotelgrundstück verbunden, welches seine Gäste heute mit luxuriösem Wohnkomfort, einem erstklassigen gastronomischen Angebot und einem 2500 qm großen Wellness- und Saunabereich begeistert. Auf den Gast warten nicht nur drei finnische Saunen, Dampfbad, Aromabad, Caldarium, Laconium, Infrarotkabine, türkisches Hamam und ein Wellness-Garten mit der gemütlichen Erd-Sauna, sondern auch rund 30 qualifizierte Kosmetikerinnen und Masseure. Diese begeistern mit über 100 Anwendungen – von klassischen Massagen und Kosmetik über exklusive Treatments wie tibetanischer Klangschalen-Massage, hawaiianischer Lomi Lomi bis hin zu Medical Beauty. Genug Gründe, um dem Wellnessparadies im Westerwald einen Besuch abzustatten.

Hotel Heinz
Gastgeber: Familie Heinz
Bergstraße 77
D-56203 Höhr-Grenzhausen
T: 0 26 24 / 94 30 - 0
info@hotel-heinz.de
www.hotel-heinz.de

SEEHOTEL MARIA LAACH

Glitzernd liegt er da, der Laacher See inmitten der idyllischen Eifellandschaft. Gesegnet mit besonderer landschaftlicher Schönheit und das Zuhause vieler seltener Tier- und Pflanzenarten. Bisweilen eröffnen sich herrliche Ausblicke auf den See, zeigen sich die Stimmungen der unterschiedlichen Jahreszeiten in all ihren Facetten, sobald man das Gewässer vulkanischen Ursprungs bei einer Wanderung umrundet. Direkt an der Benediktinerabtei Maria Laach gelegen, ist das Gewässer eines der Hauptausflugsziele in der Ferienregion Laacher See. Die umgebende Landschaft ist zugleich ein Paradies für alle, die sich gerne auf Spurensuche begeben. Wanderfreunde, Mountainbiker und Naturliebhaber erwartet auf verschiedenen Geopfad- und Geocaching-Routen sowie „Traumpfaden" eine Zeitreise durch 400000 Jahre Erdgeschichte. Natürlich wird man seine Entdeckungsreise durch die Vulkaneifel nicht vorübergehen lassen, ohne die 930 Jahre alte Abtei Maria Laach als Kloster des Benediktiner-

Freuen sich über die Auszeichnung als eines der 101 besten Hotels: Direktorin Kerstin Wingold und Geschäftsführer Philipp Lohse.

© Vulkanregion Laacher See

Ordens zu besuchen. Längst zählt das katholische Kloster zu den spirituellen Zentren im nördlichen Rheinland-Pfalz. Mit seiner Lage direkt neben der Benediktinerabtei hat sich das kürzlich sanierte Vier-Sterne-Superior-Seehotel mit neuer Klostergaststätte zu einem begehrten Ziel für all jene entwickelt, die den Dreiklang aus Natur, Wohnkultur und Kulinarik im Rahmen gehobener Hotellerie-Erlebnisse schätzen.

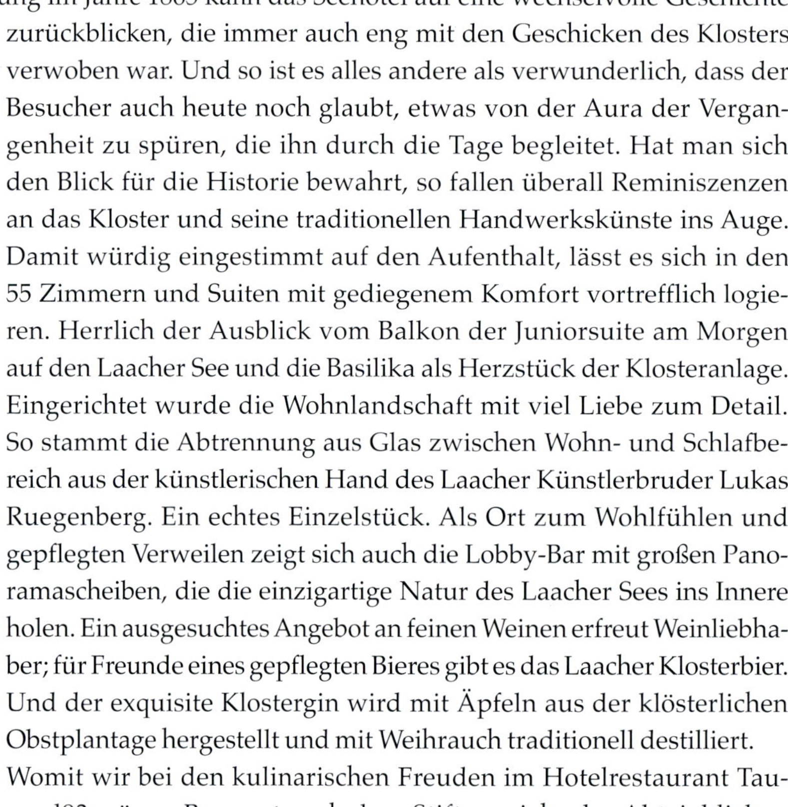

Seit seiner Eröffnung im Jahre 1865 kann das Seehotel auf eine wechselvolle Geschichte zurückblicken, die immer auch eng mit den Geschicken des Klosters verwoben war. Und so ist es alles andere als verwunderlich, dass der Besucher auch heute noch glaubt, etwas von der Aura der Vergangenheit zu spüren, die ihn durch die Tage begleitet. Hat man sich den Blick für die Historie bewahrt, so fallen überall Reminiszenzen an das Kloster und seine traditionellen Handwerkskünste ins Auge. Damit würdig eingestimmt auf den Aufenthalt, lässt es sich in den 55 Zimmern und Suiten mit gediegenem Komfort vortrefflich logieren. Herrlich der Ausblick vom Balkon der Juniorsuite am Morgen auf den Laacher See und die Basilika als Herzstück der Klosteranlage. Eingerichtet wurde die Wohnlandschaft mit viel Liebe zum Detail. So stammt die Abtrennung aus Glas zwischen Wohn- und Schlafbereich aus der künstlerischen Hand des Laacher Künstlerbruder Lukas Ruegenberg. Ein echtes Einzelstück. Als Ort zum Wohlfühlen und gepflegten Verweilen zeigt sich auch die Lobby-Bar mit großen Panoramascheiben, die die einzigartige Natur des Laacher Sees ins Innere holen. Ein ausgesuchtes Angebot an feinen Weinen erfreut Weinliebhaber; für Freunde eines gepflegten Bieres gibt es das Laacher Klosterbier. Und der exquisite Klostergin wird mit Äpfeln aus der klösterlichen Obstplantage hergestellt und mit Weihrauch traditionell destilliert.

Womit wir bei den kulinarischen Freuden im Hotelrestaurant Tausend93 wären. Benannt nach dem Stiftungsjahr der Abtei, blicken Seehotel und Restaurant auf eine 158 Jahre alte Tradition zurück. So lange existiert übrigens auch die Konditorei, in der bis zu 20 Torten und Kuchen jeden Tag frisch hergestellt werden.

Vorbild und Maßstab zugleich an diesem Ort des guten Geschmacks ist die benediktinische Gastlichkeit, die sich sowohl im zuvorkommenden, gediegenen Service als auch im kulinarischen Angebot widerspiegelt. So kreiert Küchenchef Jörg Münsterberg aus typisch regionalen Zutaten überraschend authentische und unglaublich leckere kulinarische Highlights, die sich in den Sonnenmonaten am besten von der großzügigen Sonnenterrasse mit Blick ins Laacher Seetal genießen lassen. Überhaupt bietet sich das Tausend93 auch als perfekte Location für Familienfeiern oder Bankette an.

Seehotel Maria Laach
Benediktinerabtei
Maria Laach
Maria Laach 3
D-56653 Glees / Maria Laach
T: 00 49 / (0) 26 52 / 58 40
seehotel@maria-laach.de
www.seehotel-maria-laach.de

HOTEL OPÉRA

Wer privilegiert gelegene Stadthotels mag und beim Besuch in München gerne im pulsierenden Herzen der bayerischen Landeshauptstadt logiert, für den ist das Hotel Opéra mit seiner gelungenen Liaison aus Geschichte und Gegenwart, Individualität und luxuriösem Ambiente genau das richtige Domizil. Unverkennbar vereint das elegante Stadtpalais der Familie Lutz die Vorzüge eines Hotels mit persönlicher Atmosphäre, die dem internationalen Gast durch individuelle Leistungen das Gefühl einer privaten Residenz vermitteln – vom ersten Empfang bis zum herzlichen Abschied.

Direktor Malte Wiedemeyer.

Schon die sehr aufwendig renovierte Fassade aus dem vorigen Jahrhundert verheißt von außen, was drinnen schöne Gewissheit wird. Im Herzen des Stadtteils Lehel, nur wenige Schritte vom Prachtboulevard mit seinen Theatern, der Oper und den bekannten Sehenswürdigkeiten entfernt, erwartet den Gast ein stilvolles Refugium der Ruhe, getragen von einem Gefühl kosmopoliter Leichtigkeit. Und wie in Hotels mit Innenhöfen oft üblich, zieht auch diese kleine Oase so manchen überraschten Blick an. Nach einem langen, geschäftigen Tag mit Terminen oder Stadterkundungen kann man hier seinen eigenen gedanklichen Wegen nachgehen. Gesäumt wird der Innenhof von Säulen-getragenen Arkaden. Zitronenbäumchen, üppige Blütenpracht und elegantes Mobiliar umweht ein Hauch von mediterranem Flair – alles untermalt vom leisen Blubbern des berühmten Eisbaches (man kann ihn durch einen Glasdeckel sehen), der verrohrt unter der Münchner Altstadt fließt und im Englischen Garten die stadtbekannte Surfer-Welle mit seinem Wasser speist. Welch glücklicher Umstand, dass Gast-

geber Malte Wiedemeyer die Wünsche seiner illustren Gästeschar (viele davon sind inzwischen zu Stammgästen geworden) alle kennt. Anhänger feiner Wohnkultur werden sich in den 25 individuell eingerichteten Zimmern und Suiten sehr wohlfühlen, die mit kostbaren Antiquitäten, eleganten Marmorbädern, zahlreichen liebevollen Details oder auch einem privaten Balkon zum Innenhof ausgestattet sind. Alles im Hotel Opéra, so wird rasch klar, ist etwas anders als anderswo. Direktor Malte Wiedemeyer zeigt sich als Gastgeber alter Schule, der mit seinem Haus die klassische Hotellerie repräsentiert. So wird das Frühstück noch am Tisch serviert. „Wir leben auch noch Etikette, halten dem Gast die Tür auf und helfen ihm in den Mantel. Wirklich alles für unsere Gäste zu tun, das ist unser Ziel. Ganz nach dem Motto ‚Geht nicht gibt's nicht!' Wir sind vielleicht einen Hauch liebevoller, verschwiegener, individueller. Das zeigt sich bei dem Etageren-Frühstück, den silbernen Kaffeekannen und dem Christofle-Tafelbesteck, aber auch an der Art, wie wir mit unseren internationalen Gästen umgehen", sinniert der gebürtige Hamburger. Und obwohl das Vier-Sterne-Refugium „nur" Frühstück serviert, braucht niemand auf feine Kulinarik zu verzichten. Erstklassige Darbietungen aus Küche und Weinkeller erwarten den Gast in dem zum Hotel gehörenden Restaurant Gandl direkt am St.-Anna-Platz, dem schönsten Platz im Lehel. Die sonnigen Terrassen laden ein, um sich zwischen den Einkäufen zu entspannen, sich in der Mittagspause zu erholen oder einfach die Atmosphäre zu genießen. Auf der Mittagskarte überwiegen leichte Gerichte mit feiner mediterraner Note. Am Abend erwartet Anhänger feiner Genüsse in dem schönen Kolonialstil-Restaurant eine Parade kleiner und großer kulinarischer Träume. Internationale Gerichte mit Einflüssen aus der französischen Küche verwöhnen Auge und Gaumen. Kurzum: Das Hotel Opéra ist ein charmantes Stadthotel mit dem gewissen Etwas!

Zur Opéra-Familie gehören inzwischen auch zwei weitere Perlen der Münchner Hotellerie: das schmucke Boutique Hotel Krone, das sich zentrumsnah direkt oberhalb der Theresienwiese befindet, und das stilvolle Boutique Hotel Splendid, das wie das Opéra ebenfalls im Münchner Stadtteil Lehel zu finden ist.

Hotel Opéra
Inhaber: Familie Lutz
Direktor: Malte Wiedemeyer
St.-Anna-Straße 10
D-80538 München
T: 0 89 / 22 55 33 - 36
info@hotel-opera.de
www.hotel-opera.de

ALPGLÜCK CHALETS

Diese fünf luxuriös ausgestatteten Chalets im modernen Alphütten-Ambiente im Herzen von Oberstdorf verzaubern. Chalet-Urlaub verspricht so viel Freiraum. Die Ruhe ist im Adults-only-Chaletdorf wirklich hörbar. Beruhigend plätschernd schlängelt sich der Bachlauf durch das Dörflein. Ausschlafen ist erlaubt und jeden Morgen werden die Gäste vom liebevoll gepackten Frühstückskorb im Chalet überrascht. Ob man das Frühstück auf der Sonnenterrasse genießen und vielleicht zum Wachwerden vorher im Naturschwimmteich baden möchte – alles ist möglich. Die einheimischen Gastgeber Patricia und Hans Lipp haben sich mit ihrem in Oberstdorf einzigartigen Chaletdorf einen Traum erfüllt. Die Chalets wurden dem traditionellen Stil der Allgäuer Alphütten nachempfunden. Durch eindrucksvolle historische Bilddrucke auf Holz und Glas und kreativ eingesetzte Originalwerkzeuge der Alpwirtschaft tauchen die Chalet-Gäste in die alpine Welt der Vorfahren der Gastfamilie ein. Gleich beim ersten Schritt ins Chalet werden sie vom unverwechselbar harzigen Duft des Altholzes begrüßt. Das giebeloffene Raumgefühl der Allgäuer Alpstube mit Lodencouch und Eckbank begeistert. Beim Öffnen der Doppeltüren zum Privat-Spa schlagen die Herzen gleich ein wenig höher.

Die frei stehende Badewanne lädt zum Schaumbaden ein. Die Wunschzeit für das private Saunaerlebnis ist frei wählbar. Und für Erfrischung sorgt der weiche Guss unter der großen Regendusche. Noch mehr private Wellness gefällig? Verwöhnmassagen sind direkt im Chalet buchbar. Bequem lässt es sich auf der Holzterrasse mit Bergblick relaxen, und die alpin gestaltete Gartenanlage erfreut nicht nur Bienen und Schmetterlinge. Und bei knisterndem Flammenzauber und einem guten Glas Wein kann man in der gemütlichen Alpstube das Abenteuer am Berg Revue passieren lassen. Gipfelglück pur: Die Gastgeber buchen im Sommer die Bergbahntickets direkt auf die Gästekarten. Damit dürfen sie die Bergbahnen in Oberstdorf und dem benachbarten Kleinwalsertal kostenfrei nutzen. Natürlich sind auch die Busse im Oberstdorfer Gemeindegebiet inklusive. Das Bergsommer-Klima in den Allgäuer Alpen ist grandios. Tagsüber verwöhnt die Bergsonne und nachts sorgt die kühle Luft der Alpen für erholsame Nächte. Und wenn die Gäste dem Alpglück-Geheimtipp vor dem Zubettgehen folgen und noch im Bachlauf kneippen, schlafen sie mit den Murmeltieren um die Wette. Im charmanten Dorfzentrum von Oberstdorf, das in wenigen Gehminuten erreichbar ist, wird das ganze Jahr kulturell und kulinarisch eine abwechslungsreiche Vielfalt geboten. Auch das Shopping-Abenteuer kommt bei den zahlreichen Boutiquen und Sportgeschäften nicht zu kurz. Oberstdorf lädt das ganze Jahr zum Wandern ein – ob im Winter auf Schneewanderwegen auf 2000 m oder im Sommer auf über 200 km Wander- und Radwegen. Vom Tal bis zum Gipfel ist für jeden Bergliebhaber was dabei. Der Tandemsprung vom Nebelhorn, die romantische Kutschfahrt in ein Bergtal, das Golfen vor traumhafter Bergkulisse auf dem Oberstdorfer Golfplatz (30 Prozent Vorteil auf die Greenfee) oder das bequeme Radeln mit dem E-Bike in die Hochtäler rund um Oberstdorf. Im Winter erreicht man vom Chaletdorf aus zu Fuß den Loipeneinstieg und die Bushaltestelle in die Skigebiete ist nur drei Gehminuten entfernt. Von Mitte Dezember bis zum 1. Mai kann man sich auf 130 Pistenkilometern im Winter austoben und auf zahlreichen Berghütten gemütlich einkehren. Winterzauber auf die sanfte Art versprechen wunderschöne Schneeschuhtouren und für Winterspaß sorgen schöne Rodelabfahrten.

Alpglück Chalets
Gastgeber: Patricia und Hans Lipp
Weststraße 39
D-87561 Oberstdorf
T: 0 83 22 / 67 97
info@alpglueck.de
www.chalets-oberstdorf.de
Übernachtungspreise ab 350 Euro für 2 Personen
Barrierefrei
Hundefrei

ROMANTIK HOTEL STRYCKHAUS

Im Nordosten des Rothaargebirges, umgeben von acht Gipfeln um die 800 Meter, finden Natur-Genießer im hessischen Willingen die würdige Kulisse für entspannte Urlaubstage. Schon am Morgen machen sich Wanderer vergnüglich auf, um auf ausgedehnten Wegen durch Bergheide und Wälder, entlang von Wasserquellen und über Aufstiege mit der Natur auf Tuchfühlung zu gehen. Ausgeschilderte Mountainbike-Routen locken Freunde des Bike-Sports zu sportlichen Ausflügen. Die vielleicht spannendste Entdeckung macht man freilich mit einer der neuen Top-Attraktionen des Sauerlandes. In direkter Nachbarschaft zur bekannten Mühlenkopfschanze spannt sich mit 665 Metern Länge und 100 Metern Höhe in der Mitte der Skywalk Willingen, die längste frei schwebende Fußgängerhängebrücke der Welt. Wo sich der Hausberg Willingens, der 838 Meter hohe Ettelsberg, erhebt, liegt an dessen Südhang und direkt am Waldrand ein ideales Urlaubsdomizil: das exklusive Vier-Sterne-Romantik Hotel Stryckhaus.

Das Stammhaus dieses idyllisch gelegenen Refugiums wurde 1912 aus Bruchsteinen errichtet, war schiefergedeckt und bereits damals mit allem Komfort versehen. Schon Heinrich Vogeler, Mitbegründer der Worpsweder Künstlerkolonie, konnte sich der Faszination dieses Ortes nicht entziehen. Im Laufe der Jahre entwickelte sich das ehemalige Landhaus durch stilgerechte Um- und Ausbauten zum stilvollen Romantik Hotel Stryckhaus, das heute von Direktor Dieter Fritsche und seinem Team gut auf Kurs gehalten wird.

Eine ruhig durchschlafene Nacht erleben alle, die kommen, um in den behaglichen Zimmern und Apartments zu logieren. Harmonische Farben, ausgesuchte Stoffe und viele aufmerksame Details schaffen ein individuelles Flair zum Wohlfühlen. Nicht zuletzt kommen Gäste, die oft von weither anreisen, wegen der guten Küche des Hauses; ausgezeichnet mit dem Greentable-Siegel für „Nachhaltige Gastronomie". Die gehobene Frische-Küche mit erlesenen Zutaten im stilvollen Restaurant ist weit über die Grenzen hinaus bekannt. Vor allem Produkte aus der Region von heimischen Lieferanten sind es wert, zu feinen Köstlichkeiten veredelt zu werden. Überrascht werden Genießer in schöner Regelmäßigkeit mit „kulinarischen Heimatwochen". Dabei stehen besondere Gerichte aus den Herkunftsländern der Köche auf der Speisekarte.

Doch bevor man sich von den Genüssen aus der Küche verführen lässt, sollte man sich einen Besuch der Spa- und Saunawelt auf keinen Fall entgehen lassen. Bei einem wohltuenden Saunagang, beim herrlichen Relaxen im Ruheraum oder bei Massagen und Beauty-Anwendungen tankt man neue Energie für den Alltag, während man im Innen- und Außenpool wohlige Wasser-Wonnen genießt. Kurzum: Im Romantik Hotel Stryckhaus schwingen Natur, Kulinarik und Wellness zu idealer Harmonie aus.

Romantik Hotel Stryckhaus
Mühlenkopfstraße 12
D-34508 Willingen (Upland)
T: 00 49 / 56 32 / 98 60
info@stryckhaus.de
www.stryckhaus.de
Eine Marke der familiengeführten Göbel-Hotelgruppe

HOTEL SCHLOSS WEITENBURG

Der Eindruck ist gleich da, und er erweitert und bestätigt sich mit jedem weiteren Kilometer. Wer durch das malerische Neckartal reist, dem begegnen Historie und Burgromantik auf Schritt und Tritt. Schön zu erleben, wie friedlich sich der Fluss durch das kurvenreiche Tal mit seinen mittelalterlichen Städtchen und den unzähligen trutzigen Burgen windet, die an den steilen Talflanken zu kleben scheinen. Entlang des Neckartal-Radwegs reihen sich zahlreiche Stadtperlen aneinander, die von einer geschichtsträchtigen Vergangenheit künden. Auf eine nicht weniger bewegte Geschichte blickt auch das Schloss Weitenburg in Starzach, hoch über dem Neckartal, zurück.

Erstmals erwähnt wurde es im Jahr 1062. Seit 1681 im Besitz der Familie von Raßler, wurde das Schloss in den 1950er Jahren für die Öffentlichkeit zugänglich gemacht – zunächst in Form eines Restaurants, später dann mit einem Hotel. Seit 1998 finden im Prunkzimmer des Schlosses, dem Roten Salon, standesamtliche Trauungen statt, das Ja-Wort können sich Paare vor dem Traualtar in der neugotischen Schlosskapelle geben. Charme und Ambiente der zauberhaften Schlossanlage bieten geradezu den perfekten Rahmen für unvergessliche Fest- und Tafelfreuden. Seit 2022 ist Schloss Weitenburg Mitglied bei den Romantik Hotels – und das einzige Schlosshotel dieser Marke in Baden-Württemberg. Wie es sich für ein aristokratisch anmutendes Refugium gehört, geht es in diesem Anwesen auch entsprechend stilvoll und romantisch zu. Bereits in neunter Generation führt Baron von Raßler das charmante Kleinod – ein Familienanwesen, dessen historischer Schlosspark mit altem Baumbestand zu einem stadtfernen Fluidum erblüht ist. Große Wasserbecken, Wege und Bänke fügen sich harmonisch in die grüne Idylle, dazu bieten Sichtachsen

Fotos: © J.-C. Winkler

nach dem Vorbild englischer Landschaftsparks herrliche Ausblicke über das Neckartal. Solchermaßen sensibel eingestimmt auf das Flair feiner Ländlichkeit, lassen weitere Wohlfühlmomente nicht lange auf sich warten. In der warmen Jahreszeit ist das Picknick im Schlosspark (ab zwei Personen, 24 Stunden vorher buchbar) ein ganz besonderes Erlebnis für Auge, Gaumen und Seele. Dem würdigen Rahmen des Hauses entsprechend, darf natürlich auch der Afternoon Tea nach englischem Vorbild nicht fehlen.

Womit noch nichts über die kultivierte Wohnkultur gesagt ist: Wer im Hotel Schloss Weitenburg nun ein übliches Hotelzimmer erwartet, fühlt sich eines Besseren belehrt, taucht ein in Räume mit Charakter und Stil. Schön, mit welchem Feinsinn der Kunstkenner Baron von Raßler die Kombination aus Antiquitäten mit modernen Farben und Formen mischt. Dabei zeigt sich jede/s der 25 Zimmer und Suiten höchst individuell und mit viel Charme. Alle Zimmer bieten einen unvergesslichen Ausblick in den Park, den Schlosshof oder das Tal.

Auch Gourmets fühlen sich, umgeben von Original-Porträts und Gemälden aus dem 18. Jahrhundert an den Wänden im Restaurant in der früheren Burgküche besonders wohl. Gang für Gang zeigt sich das Schloss-Menü als Parade kleiner und großer kulinarischer Träume, und auch die Lektüre der À-la-carte-Speisekarte macht Lust, dem kochkünstlerischen Wirken der Akteure am Herd nachzuspüren. Dazu fließen edle Tropfen aus Baden und Württemberg ins Glas. Aber auch Italien und Frankreich sind gut vertreten.

Mit reisenden Gourmets zieht es für gewöhnlich auch Golfer nach Starzach. Nicht von ungefähr gehört die 27-Loch-Golfanlage Schloss Weitenburg unterhalb des Schlosses direkt am Neckar zu den schönsten Golfplätzen Süddeutschlands. Und egal, ob Golf-Event, Traumhochzeit, Jubiläum oder Tagung – das Hotel Schloss Weitenburg zeigt sich allen Ansprüchen für die besonderen Momente im Leben gewachsen.

Romantik Hotel
Schloss Weitenburg
Gastgeber:
Baron von Raßler
Weitenburg 1
D-72181 Starzach
T: 0 74 57 / 93 3 - 0
info@schloss-weitenburg.de
www.schloss-weitenburg.de

HOTEL GUT BARDENHAGEN

Die Natur der Lüneburger Heide ist schon von besonderer landschaftlicher Schönheit. Eine Region, in der man zur Ruhe kommen kann und alle Rastlosigkeit in weite Ferne rückt. Wo sich unweit der Hansestädte Lüneburg und Hamburg die ländliche Idylle in reichem Maße verschwendet, liegt mit GUT Bardenhagen ein Country-Hideaway, wie es im Buche steht. Für das Besitzerehepaar Simone Schubert-Jaworski und Christoph Jaworski war GUT Bardenhagen Liebe auf den ersten Blick. Unter ihrer Regie ist das Anwesen zu einem Kleinod für einen erholsamen Urlaub im Norden Deutschlands avanciert.

Wirklich privilegiert ist die Alleinlage des Hotels. Wer hier als Naturgenießer vorfährt, beschenkt sich mit einem sieben Hektar großen Park mit Gärten, Teichen und einem eigenen Bachlauf. Das ehemalige Trabergestüt aus dem Jahr 1908, so wird rasch klar, ist zu einem zeitgemäß renovierten und denkmalgeschützten Ensemble erblüht, das ein baldiges Wiedersehen nahelegt. Auch wer ein kultiviertes Ambiente von Tradition, Exklusivität und Komfort schätzt, ist hier sicherlich am richtigen Platz. Als Gast fühlt man sich in einem der 31 stilvoll eingerichteten Design-Zimmer und -Suiten (die meisten davon mit Südterrasse oder Südbalkon) schnell daheim und genießt schon am Morgen nach einer ruhig durchschlafenen Nacht den freien Blick in die wunderschöne Heide-Natur. Ein Erlebnis für sich sind die luxuriösen Suiten im Gästehaus „SchlafGUT" mit viel Freiraum für das „Zuhause"-Gefühl. Sie verfügen über einen abgetrennten Wohnbereich mit einladendem Sofa und Kamin. Hier fühlt man sich auch bei nordischem Schietwetter wohl.

Womit noch nichts über die kulinarischen Wonnen des Refugiums gesagt ist: Der gelungene Start in den Tag beginnt mit einem umfangreichen Frühstücksbüfett im lichtdurchfluteten und freundlich eingerichteten Restaurant „TafelGUT" im traumhaften Innenhof. Eingestimmt auf den breit gefächerten Genussbogen ist man bei seinem Lieblingsgericht oder Lieblingswein im Abendrestaurant „GUT Evening". Zur Aufführung auf der Bühne des guten Geschmacks kommen regionale Köstlichkeiten nach dem Lauf

der Jahreszeiten, die Auge und Gaumen gleichermaßen umschmeicheln. Jederzeit eine kulinarische Entdeckung wert ist das auf Wunsch servierte Fine-Dining-Menü. Wein ist natürlich ein wichtiges Thema, man trinkt hier gern, was der erlesene Weinkeller an edlen Tropfen beschert, gefolgt vielleicht von einem Digestif aus der hochwertigen Spirituosensammlung.

Hautnah dran am kostbaren Gefühl von Ruhe und Entspannung sind Gäste im Calluna Spa & Fitness. Der Wellnessbereich, einer der wenigen in der Region, bietet einen Innenpool, eine finnische Sauna, ein Dampfbad, eine Wärmekabine sowie einen modernen Fitnessraum mit Profigeräten der Marke Matrix. Workouts mit einem Personal Trainer und Massagen können auf Anfrage gebucht werden und runden den Wohlfühlurlaub par excellence ab. Moderner Chic und traditioneller Guts-Charme erweisen sich als perfekte Begleiter für Tagungen, Feste, Hochzeiten und andere Events an diesem herrlichen Fleckchen Erde.

Hotel GUT Bardenhagen
Bardenhagener Straße 3–9
D-29553 Bardenhagen
T: 0 58 23 / 9 53 99 60
mail@gut-bardenhagen.de
www.gut-bardenhagen.de

SCHLOSSGUT GROSS SCHWANSEE

Leidenschaftliche Gastgeberin: Janet Schroeder

Aller städtischen Hektik entrückt, finden Liebhaber feiner Ländlichkeit in der reizvollen Natur Mecklenburg-Vorpommerns ein veritables Juwel. Umgeben von einem weitläufigen Park, thront am unverbauten Ostseestrand vor den Toren Lübecks das Schlossgut Gross Schwansee. Ein wahrlich aristokratisch anmutendes Refugium für exklusiven Lifestyle, in dem sich die genussvollen Seiten des Lebens entfalten.

Wo sich die Gegenwart in historischen Sehenswürdigkeiten zeigt, bildet das klassizistische Gutsgebäude aus dem Jahr 1745 das Herzstück des Schlossguts. Ergänzt wird dieses durch das lichtdurchflutete Parkgebäude des Hotels und den zu einer modernen Brasserie und einer Wellnessoase umgebauten ehemaligen Pferdestall des Gutshofes. Mit einem riesigen Schlossgarten, traumhafter Natur und vielfältigen Unterhaltungs- und Genussmöglichkeiten begeistert das Anwesen Gäste, die zusammen mit der charmanten Gastgeberin und Direktorin Janet Schroeder das einmalige historische Flair dieses Kleinods genießen.

Wer an diesem herrlichen Fleckchen Erde logiert, taucht ein in die Ambiancen der 63 Hotelzimmer und Suiten, wovon sich zehn luxuriös und individuell eingerichtete Zimmer auf das Schloss und 53 lifestylige Zimmer und Suiten auf das moderne Parkgebäude verteilen. In feinem Glanz erstrahlen die neu ausgestatteten Suiten, wohlige Badewannen sorgen für erholsame Entspannung. Untermalt von warmen Farbnuancen fügen sich neue Möbel, Gardinen und Fußböden zu einem außergewöhnlichen Wohlfühl-Ambiente, das zum Erholen und Genießen in naturbelassener Umgebung einlädt.

Auch neue biozertifizierte Bettwäsche ergänzt die nachhaltige Ausrichtung und „bietet einen erholsamen, naturverbundenen Schlafkomfort“, so Janet Schroeder.
Hotelkomfort im Einklang mit der Natur ist der Gastgeberin sehr wichtig, ein eigenes Bienenvolk erzeugt erlesenen Honig. Stetig wird der Garten der Sinne erweitert, schön anzuschauen und mit heimischen Kräutern zum Verfeinern regionaler Gerichte des Küchenchefs.
Ob zum Sommer oder im ganzen Jahr: Die Ostseestrände vor dem Schlossgut Gross Schwansee bieten vielfältige naturbelassene Strände und Natur pur; ideal für ausgedehnte Spaziergänge zu zweit oder mit der Familie. Doch damit nicht genug: Traumhafte Alleen gibt es ebenfalls zu entdecken, ob per Fahrrad, E-Bike, mit dem Cabrio oder dem Lieblings-Oldtimer.
Womit wir bei den kulinarischen Freuden wären. Zur Aufführung auf der Bühne des guten Geschmacks kommen regionale und exklusive Köstlichkeiten. Als erklärter Lieblingsplatz vieler Gäste zeigt sich der große Schlossgarten mit Terrasse. Genau die richtige Location für einen Stopp auf einen Summer-Drink, ein Mittagsmenü, eine Kaffeepause oder ein Barbecue. Der nahe Hundestrand lädt zum Toben ein, die weitläufigen Wälder und Wiesen bieten Erlebnisse für die ganze Familie in der Natur.

Schlossgut Gross Schwansee
Hoteldirektorin:
Janet Schroeder
Am Park 1
D-23942 Groß Schwansee
T: 00 49 / 3 88 27 / 88 48-0
rezeption@schwansee.de
www.schwansee.de

HOTEL 1884 NORDERNEY

Schon von der Fähre aus leuchtet die strahlend weiße Fassade des Hotels 1884 Norderney. Nach umfangreicher Sanierung erstrahlt die historische Villa im Gründerzeitstil am Weststrand der Insel in neuem Glanz. 1884 wurde sie erbaut, gab dem luxuriösen Haus seinen Namen. Seit Juni 2023 begrüßen Mareike Kleimann und Klaus Wanke wind-wetterfest und herzlich ihre Gäste. Die gebürtige Insulanerin kennt die Villa, die einst Mathilde hieß, noch aus Kindertagen. Nach fast 15 Jahren in luxuriösen Häusern in London und St. Moritz kehrte sie nach Norderney zurück. Mit auf der Fähre – ihr Mann Klaus. Der Wiener kann wie seine charmante Frau auf eine erfolgreiche Kariere in der Spitzengastronomie schauen. Mit der Leitung des Hotels 1884 Norderney ging für die sympathischen Gastgeber ein gemeinsamer Traum in Erfüllung. Zum Einchecken laden sie ihre Gäste in ein ganz besonderes Foyer, das hier liebevoll „Plauderei" heißt. Der kleine ostfriesische Ofen, ein historischer Küchenschrank, edles Tafelparkett aus Vogeseneiche und gemütliche Sofas machen das Herzstück des Hideaways zu einem Ort, an dem man sich sofort willkommen fühlt.

Gastgeber: Mareike Kleimann und Klaus Wanke.

Fotos: Hotel 1884 Norderney

Auch die eleganten Komfort-Zimmer und Suiten wurden individuell und mit viel Liebe zum Detail eingerichtet. Keines gleicht dabei dem anderen, eines aber ist ihnen gemein: das unbeschreibliche Panorama mit Sicht über den Strand auf die Nordseewellen. Wer besonderen Wert auf seine Privatsphäre legt und dennoch die Annehmlichkeiten eines Hotels zu schätzen weiß, für den ist die 70 Quadartmeter große, luxuriöse Owner's Suite (Küche mit Kochinsel, Weinkühlschrank, Wohn- und Esszimmer, Terrasse mit Meerblick, Schlafzimmer) genau das richtige Zuhause auf Zeit.

Der Tag im 1884 beginnt mit einem liebevoll zubereiteten Frühstück, das wie zu Zeiten nobler Grandhotels auf einer Etagere serviert wird. Und noch ein ganz besonderes Highlight begeistert in diesem schönen Refugium: Nelson Müllers Restaurant „Müllers auf Norderney". Die Philosophie des Sternekochs: beste Produkte, klassisch, auch mal unkonventionell, aber vor allem unkompliziert. Von Streetfood und Snacks bis zu Steaks. Von Kaviar bis zu frischem Fisch und Austern. Das Müllers steht für kulinarische Momente, die glücklich machen. Ungezwungen, ungewöhnlich und ganz bestimmt unvergesslich. Sie sollte man probieren: die Norderneyer Fischsuppe mit Venusmuscheln, Queller und Sauce Rouille!
Und was braucht es noch, um nach einem Tag auf dieser schönen, abwechslungsreichen Insel so richtig zu entspannen? Der Spa im Untergeschoss bietet sanfte Erholung für Körper und Geist. Die Gäste erwartet eine finnische Sauna und eine Biosauna, Ruhebereiche mit Liegen und ein kleiner Außenbereich für frische Nordseeluft nach dem Saunagang.

Hotel 1884 Norderney
Gastgeber:
Mareike Kleimann
und Klaus Wanke
Am Weststrand 3 – 4
D-26548 Norderney
T: 00 49/(0) 5 21/9 11 11-50
info@hideaways-hotels.com
www.hideaways-hotels.com

SEEWIRT MATTSEE

Fernab der großen Trassen, als sei es ein wenig der Zeit entflohen, liegt es da, das Salzburger Seenland, nur wenige Kilometer vor den Toren der Festspielstadt Salzburg. Eingebettet in sanft wogende Wiesen, Wälder und Felder, fügen sich gleich vier Seen in das Schauspiel der Natur. Fürwahr, Mattsee, Obertrumer See, Grabensee und Wallersee zeigen sich als wahre Naturjuwelen in einer Landschaft wie aus dem Bilderbuch. Von der Hektik des Alltags ist hier wenig zu spüren, sanfte und noch gut bewahrte Landidylle abseits des Massentourismus macht sich allenthalben breit. Hauptort der gesegneten Gegend ist Mattsee, das auf einer schmalen Landzunge zwischen dem Mattsee und dem Obertrumer See liegt.

Gastgeber Helmut Blüthl.

Die beschauliche Schwingung und Ruhe, die diesem herrlichen Flecken Erde innewohnen, übertragen sich wie auf ein geheimes Kommando auf alle, die im Adults-only-Hotel Seewirt Mattsee ein wenig die Zeit vergessen und sich dabei von Gastgeber Helmut Blüthl und seinem Team nach allen Regeln Salzburger Gastfreundschaft verwöhnen lassen. Ob zum Diner à deux, zum Kuschelwochenende oder zum Genussurlaub mit Lieblingsmenschen – das Vier-Sterne-Refugium zeigt sich allen Ansprüchen gewachsen.

Wo man echte Romantik nicht lange suchen muss, wird der Aufenthalt mit kostbaren Wohlfühlmomenten veredelt. Schon am Morgen stimmen Zimmer und SPA-Suiten mit eigener Wellnessoase und fantastischem Seeblick auf den Tag ein. Ultimativen Wohnkomfort auf 45 Quadratmetern bietet die SPA-Traumsuite mit privater Sauna, frei stehender Badewanne und Sonnenterrasse – inklusive Blick auf den See.

Weitere Wonnen kulinarischer Art erlebt der Gast im lichtdurchfluteten Restaurant „Lustreich“. Die Zubereitungen machen Lust auf frische und regionale Gaumenfreuden mit österreichischen Spezialitäten, die ihre mediterranen Akzente keineswegs verleugnen. „Wir kochen gerne, was uns selber schmeckt“, sagt Gastgeber und Haubenkoch Helmut Blüthl. Solchermaßen kulinarisch rundum versorgt, darf man sich schon einmal gedanklich auf den bevorstehenden Besuch des „Himmelreich“-Spa einstimmen. Auf drei Etagen findet der Gast ein Sauna-Refugium mit finnischer Sauna, Kräuterdampfbad, Solegrotte, Kuschel-Ruhebereich mit großen Doppelliegen und einen Panorama-Pool mit der schönsten Aussicht Mattsees. Noch mehr himmlische Gefühle stellen sich bei verwöhnenden Massagen und Beauty-Treatments ein. Und wer seine Tage nützen will, um das Salzburger Seenland auf zwei Rädern zu entdecken, zu wandern oder in der warmen Jahreszeit mit einem Boot über den See zu gleiten – der findet auch hier das passende Terrain. Entdeckernaturen, die sich nach weiteren Möglichkeiten zur Freizeitgestaltung erkundigen, freuen sich über die Fahrtraum Erlebniswelt, die kulturelle Veranstaltungsreihe Diabelli Sommer oder das Stift Mattsee.

Seewirt Mattsee
Gastgeber: Helmut Blüthl
Seestraße 4
A-5163 Mattsee
T: 00 43 / (0) 62 17 / 52 71
kuscheln@seewirt-mattsee.at
www.seewirt-mattsee.at

GRAND TIROLIA

Wie kaum eine andere Destination steht Kitzbühel mit seiner Mischung aus Natur, Tradition und modernem Zeitgeist für Mythen und Legenden, für Luxus und Lebensfreude. Darüber hinaus ist die Gamsstadt jeden Winter Österreichs Meeting Point der Snow-Society. An diesem faszinierenden Ort erwartet seit letztem Jahr eines der schönsten Resorts Österreichs seine Gäste: das Grand Tirolia Kitzbühel, Mitglied der Hommage Luxury Hotels Collection.

Nach einem umfangreichen Facelifting begeistert das Hideaway seine Gäste mit außergewöhnlichem alpin-urbanen Ambiente. Für das schicke Interieur zeichnen die Kitzig Design Studios International verantwortlich. Bereits seit seiner Eröffnung vor 24 Jahren begeistert das außergewöhnliche Domizil durch seine exponierte Lage – eingebettet in die malerische Kulisse der Kitzbüheler Alpen inmitten steil aufragender Felswände – sowie durch seine exklusive Architektur.

2021 wurde das Refugium von der renommierten Dorint-Gruppe übernommen. Holz, Leder und erlesene Materialien verleihen jetzt den 76 luxuriösen Zimmern und Suiten (letztere mit separaten Wohn- und Schlafzimmern) ihre moderne, alpine Note. Das hochwertige Interieur sorgt für entspannte Behaglichkeit auf höchstem Niveau. Alle Räumlichkeiten strahlen puren Luxus, Großzügigkeit und Eleganz aus. Der grandiose Ausblick vom Balkon oder von der privaten Terrasse beschert unvergessliche Momente, die Erinnerungen schaffen.

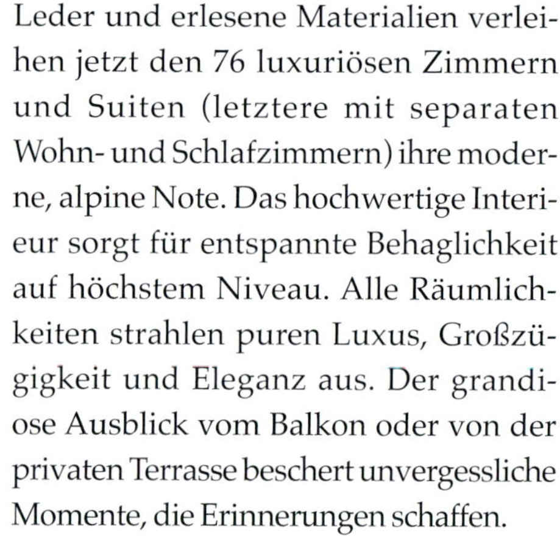

Im Winter ist die Region der „Place to be“ in den Alpen. Denn wenn der Schnee die Landschaft in eine weiße Glitzerwelt verzaubert, ist es

Zeit, Skier, Schlitten und Schneeschuhe hervorzuholen. Inmitten von Kitzbüheler Horn und Hahnenkamm gelegen, erstreckt sich hier das vielfach als weltbestes ausgezeichnete Skigebiet von Kitzbühel. 200 Tage Schneesicherheit pro Jahr und perfekt präparierte Pisten machen die Abfahrten auf insgesamt rund 234 Kilometern für Anfänger und Fortgeschrittene gleichermaßen zu einem besonderen Erlebnis. Die moderne und barrierefreie Liftanlage, mehr als 60 urige Skihütten sowie die atemberaubende Natur lassen jedes Dabeisein zu einem Fest der Sinne werden.

Nach einem perfekten Skitag entspannt man vielleicht beim Schwimmen im Außenpool mit traumhaftem Blick auf die Kitzbüheler Alpen oder entspannt in der vielseitigen Saunawelt des neu geschaffenen Grand Alps Spa, es bietet eine perfekte Atmosphäre für Erholung und Regenerierung im Luxushotel Grand Tirolia. Mit erholsamen Treatments von Abhyanga über zahlreiche Massagen wie die Anti-Stress- oder die Aromaöl-Massage bis zur Thai-Fußmassage genießt man Tiefenentspannung pur. Zum Abschluss sorgen individuell auf jede Haut abgestimmte, reinigende und vitalisierende Gesichtsbehandlungen mit sichtbarem Soforteffekt und nachhaltiger Wirkung für ein blendendes Aussehen für die Genussmomente am Abend im erstklassigen Restaurant oder vielleicht beim Nightlife in Kitzbühel.

Das neue, elegante Restaurant Tirolia verbindet internationale Kulinarik und alpinen Hochgenuss zu einem unvergesslichen Geschmackserlebnis, inspiriert durch französische und Schweizer Küche. Ein besonderes Highlight ist die offene Showküche, in der man eindrucksvolles Live-Cooking genießen kann. Nach dem Dinner trifft man sich zu geselligen Runden in der Cooper Bar. Das englische Wort „Cooper" steht für das Handwerk der Fassbinder und ehrt die Tradition der fassgereiften Brände und Weine, denn gerade die wirklich feinen Dinge benötigen ihre Zeit. Ob am Bartresen oder in der gemütlichen Bar Lounge – in der Cooper Bar genießt man eine einzigartige Atmosphäre, die in jeder Hinsicht entschleunigt und im edlen Angebot so vielfältig und so kosmopolitisch ist wie die Gäste, die sie besuchen. Wer es lieber zünftig und traditionell mag, wird sich garantiert im benachbarten Gasthaus Eichenhain wohlfühlen. Klassische Gerichte, meisterhaft zubereitet, und natürlich zahlreiche Schmankerl der traditionellen Tiroler Küche begeistern immer wieder aufs Neue.

Grand Tirolia
General Manager:
Johannes Lehberger
Eichenheim 10
A-6370 Kitzbühel
T: 00 49 / (0) 5 21 / 9 11 11-50
info@hideaways-hotels.com
www.hideaways-hotels.com
76 Zimmer und Suiten:
Preise nach Saison und
Kategorie

BENGLERWALD BERG CHALETDORF

Das Lechtal gehört zu den schönsten Bergwelten des Alpenraums. Fernab von Transitrouten und Massentourismus beeindruckt es mit hochalpinen Gipfeln, imposanten Schluchten, grünen Bergwiesen und dem türkisblauen Lech, dem letzten wahren Wildfluss der nördlichen Alpen. Diese einzigartige Natur bildet die postkartenreife Kulisse für eines der exklusivsten Hideaways in den Tiroler Alpen: das Benglerwald Berg Chaletdorf, das Anfang 2021 um sechs zusätzliche Luxus-Chalets erweitert wurde. Genau wie die drei bereits bestehenden Chalets verbinden sie auf wunderbare Weise individuellen Fünf-Sterne-Service mit exklusivem Hüttencharme und das mitten in der Natur. Jedes der neun Holz-Chalets, die sich auf 1200 Metern Höhe in die Landschaft des Sonnenplateaus hoch über dem Lech schmiegen, bietet atemberaubende Ausblicke, jeden erdenklichen Komfort und ein Höchstmaß an Privatsphäre. So stehen voll ausgestattete Küchen, Premium-Betten, offene Feuerstellen und Kamine,

Smart-Home-Ausstattung und freies WLAN für die Exklusivität des Interieurs. Jedes Chalet verfügt über einen privaten Spa-Deluxe mit Hot Pot und Sauna, Wohlfühlwanne und Wellnessdusche, Fitness- und Yoga-Set. Am Morgen kommt das üppige Almfrühstück „frei Haus" direkt ans Chalet und für die erlesene Bier- und Weinauswahl im Chalet ist die Chefin persönlich verantwortlich. Die köstlichen Zutaten zum Kochen oder für den privaten Grillabend holen sich die Gäste im Bauernshop der Genussmanufaktur im ebenfalls neu errichteten Haupthaus, in dem in Zukunft Koch- und weitere Events stattfinden werden.

Benglerwald Berg Chaletdorf
General Manager:
Manuel Walch
Bach 69
A-6653 Bach Lechtal
T: 00 49 / (0) 5 21 /9 11 11-50
info@hideaways-hotels.com
www.hideaways-hotels.com
Neun hochwertig und exklusiv eingerichtete Chalets mit allem Komfort, voll ausgestatteten Küchen und privatem Spa-Deluxe

HOTEL ARPURIA

Luxuriöse Urlaubsaufenthalte definieren sich nicht mehr allein durch opulenten Überfluss und Statusdenken. Der anspruchsvolle Traveller sucht heute immer mehr einzigartige und individuelle Erfahrung, Zeit und Authentizität und nicht zuletzt Privatsphäre. All das findet man in einem ganz besonderen Hideaway in St. Anton am Arlberg. Familie Fahrner hat mit ihrem Wellnesshotel Arpuria ein „hidden luxury mountain home" erblühen lassen, eines von der Sorte, das luxuriös ist, aber nicht pompös, das jede Annehmlichkeit bietet, aber nicht aufdringlich ist. Exponiert allein schon die Lage des Hotels: ruhig gelegen, mit traumhaftem Ausblick, die Natur gleich vor der Haustür. Jetzt in der kalten Jahreszeit entfaltet sich für alle Gäste geradezu eine Winterwunderwelt vor der Hoteltür, die ihresgleichen sucht. 360 Pistenkilometer von einfach bis schwierig, von kinderfreundlich bis weltmeisterlich wollen von Ski-Enthusiasten entdeckt werden. Schön auch, dass für Gäste des Arpuria direkt an der Talstation der Galzigbahn ein Skidepot reserviert ist. Und natürlich darf man sich auf einen beheizten Skikeller ebenso freuen wie auf einen kostenlosen Shuttledienst ins Ortszentrum.

ARPURIA

Zurück im Hotel, taucht man ein in das zeitlose Design der Zimmer, die mit unaufdringlichen Luxus und edlen Materialien punkten. Bei all dem Komfort, den ein Hotel dieser Kategorie präsentiert, darf natürlich die höhere Kulinarik nicht fehlen. Gespannt wird der Genussbogen vom Gourmetfrühstück über das Genießerbüfett mit Tiroler Spezialitäten bis zum Casual Dining im Pura Restaurant oder zu einer kulinarischen Reise nach Asien im Partner-Restaurant „Q – Taste the night".
Und wer gewöhnt ist, exklusiv zu entspannen, der hat den Rooftop-Spabereich im Kopf. Herrlich, so ein Bad im beheizten In- und Outdoor-Pool! Weiter geht es mit dem Entspannungsgenuss in der Panorama- und Heu-Sauna, im Aroma-Dampfbad oder in der Infrarot-Salzgrotte. Ob in der Kaminlounge, in der Panorama-Lounge mit gemütlichen Nischen oder im Outdoor-Wellnessgarten mit kuscheliger Lounge – in dieser Wellnessoase findet jeder seinen Lieblingsplatz.

Hotel Arpuria
Gastgeber: Familie Fahrner
Gastigweg 37
A-6580 St. Anton am Arlberg
T: 00 49 / (0) 5 21 / 9 11 11-50
info@hideaways-hotels.com
www.hideaways-hotels.com

LE CHALET – LUXURY HIDEAWAY

Im legendären Oberlech direkt im Ski- bzw. Wandergebiet hebt das Le Chalet 1600 Meter über dem Alltag außergewöhnliche Urlaubserlebnisse auf ein neues Niveau. Das Hideaway in der alpinen Poleposition ist top auf Skifahrer eingestellt und punktet mit kostbarer Ruhe und Fünf-Sterne-Exzellenz, gepaart mit dem privaten Charme eines Luxus-Chalets in der Abgeschiedenheit der Berge. Der Bergsportort Oberlech in der Premium-Alpenregion Lech Zürs am Arlberg genießt bei Wintersportlern Weltruf. Denn mitten in der atemberaubenden Schönheit der Arlberger Bergwelt finden anspruchsvolle Skifahrer alles, was das weiße Urlaubsglück perfekt macht: Schneesicherheit von Ende November bis Ende April, traumhafte Abfahrtsmöglichkeiten zwischen 1450 und 2800 Metern Höhe, modernste Liftanlagen, Snowboarder Funpark, Haubenrestaurants und vieles mehr.

Gastgeber Andreas Mathis.

Mitten im Skigebiet starten Gäste des exponiert gelegenen Le Chalet direkt vor der Haustür in den sportlich geprägten Tag – natürlich auf frisch präpariertem Schnee. Definitiv freuen darf man sich auf 305 Kilometer Pistenspaß in allen Schwierigkeitsgraden und 200 Kilometer hochalpine Tiefschneeabfahrten. Insgesamt 88 Lifte und Bergbahnen sorgen im Skigebiet Ski Arlberg für einen bequemen Transport ohne langes Warten. Neben Skifahren gehören Winter- und Schneeschuhwandern, Rodeln und Schlittenfahren sowie Langlaufen zu den Erlebnishöhepunkten der Region. Das Loipennetz für Langläufer erstreckt sich über 27 Kilometer ins wunderschöne Zugertal. Dem Gast soll es im Le Chalet an nichts fehlen. Dementsprechend werden auch

Fotos © Christoph Schoech Photography GmbH

Skipässe, Kurse und geführte Touren von Gastgeber Andreas Mathis und seinem Team organisiert. Hier steht man dem Gast rund um die Uhr persönlich mit Tipps, Planung und Organisation zur Verfügung.
Schön, wenn man sich um nichts kümmern muss und stattdessen rundum verwöhnt wird – was nicht zuletzt an der modernen Ausstattung des 1000 Quadratmeter großen Chalets mit allem Komfort liegt. Der gesamte oberste Stock ist Raum für Begegnungen, Entspannung und für feinste Kulinarik. Hier befinden sich unter anderem der Essbereich mit vielen gemütlichen Sitzgelegenheiten, Aufenthaltsräumlichkeiten, eine Bar und die Küche. Jegliche Wohn-Raffinessen offerieren die sieben Private Luxury Suites drei davon mit offenem Kamin für bis zu 14 Gäste. iPad-Steuerung? Individuell gestaltbares Licht? Revox-Soundsystem? Nespressomaschine? Alles kein Thema! Hier trifft exzellenter 24-Stunden-Service auf edle, zurückhaltende Architektur, erlesene Handwerkskunst und kostbare Naturmaterialien. Dazu wird der unverbaute Blick auf das Omeshorn und die alpine Bergwelt serviert.
Solchermaßen dem Ruf der Ferienstimmung erlegen, setzt auch der First-Rate Chef de Cuisine alles daran, um die Gäste meisterhaft mit Fine-Dining-Kreationen im Rahmen eines individuell abgestimmten Acht-Gänge-Menüs zu verwöhnen. Und das zu jeder Uhrzeit. Schön, dass dieser Service neben alkoholfreien Getränken im Preis inkludiert ist. Nicht lange auf sich warten lässt auch die Parade der goldenen und roten Begleiter. Das edle Weinkonzept wurde von Österreichs einzigem Master Sommelier Alex Koblinger konzipiert und enthält echte Raritäten und auserlesene Weine der besten Weinregionen der Welt. Nach einem langen Skitag stehen alle Zeichen auf Relax-Momenten. Badespaß im Winter garantiert das Schwimmbad. Sauna und Dampfbad verwöhnen den Gast ebenso wie Infrarotkabine und Ruhebereich. Das Leben in vollen Zügen genießen – im Le Chalet wird das Versprechen Wirklichkeit!

Le Chalet –
Luxury Hideaway
Gastgeber:
Andreas Mathis
Oberlech 761
A-6764 Lech am Arlberg
T: 00 43 / (0) 55 83 / 4 01 00
welcome@lechalet.at
www.lechalet.at

VILLA WOSSA IM PRIESTEREGG PREMIUM ECO RESORT

Es gibt viele Hoteliers, die große Visionen und Innovationskraft ihr Eigen nennen, aber nur wenige haben solche beeindruckenden Akzente gesetzt wie Huwi und Renate Oberlader vom Priesteregg in Leogang. Die Erfolgsgeschichte ihres Chalet-Bergdorfs ist einzigartig, mit der Eröffnung im Jahre 2009 lösten sie eine wahre Flut von neuen Domizilen mit Chalet-Romantik vor allem in Österreich, aber auch in Deutschland und der Schweiz aus. Zehn Jahre später überraschten sie mit einem revolutionären, autarken Energiekonzept, das heute noch international seinesgleichen sucht, einem erweiterten Namen, einem großartigen, neuen Wellnessbereich sowie zwei nagelneuen Luxus-Villen für höchste Ansprüche. Mit der exklusiven „Villa WOSSA" präsentierten die beiden Gastgeber aus Leidenschaft zum Ende des vergangenen Jahres ein neues Chalet der absoluten Extraklasse. Hier taucht man ein

Gastgeber: Renate und Hubert Oberlader.

© WWW.GUENTERSTANDL.DE

in eine private Welt voller Natürlichkeit, in ein Wohnerlebnis, das dem Element Wasser eine einmalige Bühne bietet, an einem Logenplatz, der die Freiheit der Berge zu Füßen legt. Die Villa WOSSA ist ein Ensemble aus exklusivem Chalet, einem kleinen Seehaus und einem riesigen Naturteich mit integriertem Infinity-Pool. Mit ganz viel vertrautem PRIESTEREGG-Ambiente, natürlichem Holz und großen Glasfronten. Der zusätzliche Wohnkomfort im separaten Seehaus WOSSA RUND, einem eigenen kleinen Genussraum und dem Speisezimmer ESSEGG direkt am Wasser und mit innovativer Technik in der offenen Küche inklusive legendärem Lohberger T 1 Herd, den Starkoch Roland Trettl maßgeblich mitentwickelt hat. Und mit etwas völlig Neuem: einem 500 Quadratmeter großen Naturteich. Üppige Gräser, sichtschützendes Schilf und sogar Fische füllen die beeindruckende Wasserlandschaft. In der Teichmitte wartet darüber hinaus ein 14 mal 4 Meter großer Edelstahl-Infinity-Pool, dessen Wasser ganzjährig mittels Geothermie auf wohlige 34 °C erwärmt wird. Teichsauna, eine schwimmende Feuerschale, Hot Tub und Outdoor-Lounge ergänzen das einzigartige private Entspannungsreich.

Villa WOSSA
im PRIESTEREGG
Premium ECO Resort
Gastgeber:
Renate und Hubert Oberlader
Sonnberg 22
A-5771 Leogang
T: 00 49 / (0) 5 21 / 9 11 11-50
info@hideaways-hotels.com
www.hideaways-hotels.com

GOURMET- UND GENIESSERHOTEL MINGLERS SPORTALM

Es ist schon ein herrliches Fleckerl Erde, das sich Familie Mingler für ihr charmantes Gourmet- und Genießerhotel in Kirchberg ausgesucht hat. Im Winter geht's direkt vom Hotel auf die Piste der bekannten Skiregion KitzSki. Im Sommer ist das Vier-Sterne-Refugium der ideale Ausgangspunkt für geführte Touren beim Wandern und Mountainbiken in der faszinierenden Natur der Kitzbüheler Alpen. Direkt an der Fleck-Talabfahrt der neuen Fleckalmbahn hat man in dem wohltuend familiär geführten Haus viel Zeit für all die schönen Dinge, die daheim im Alltag meistens zu kurz kommen. Kein Wunder, dass zahlreiche Stammgäste ihrer „Sportalm" die Treue halten. Gast zu sein und sich dennoch geborgen und behaglich wie zu Hause zu fühlen – hier wird das Versprechen Wirklichkeit.

Fotos © Fotostudio Andorfer

Wer im Haus logiert, dem bieten die gemütlichen Zimmer und Suiten unterschiedliche Ambiancen für das „Urlaubszuhause"-Gefühl, man wohnt je nach individuellen Ansprüchen und Geschmack. Bei der Innenarchitektur wurde viel Wert auf natürliche Materialien gelegt, die die Werte der Region verkörpern, wie Holz, Loden und Stein. Heiß begehrt und selten sind die Natursuiten, denn es gibt sie nur zwei Mal. Schlafraum, Wohnraum, Vorraum und Badezimmer bieten viel Platz für Paare oder auch die ganze Familie. Der dritte Stock bietet traumhafte Blicke auf die Kitzbüheler Alpen. Stets die Berge im Blick, ist auch kulinarisch der Gipfel der Gaumenlust erreicht. Frisch, bodenständig und mit viel Fingerspitzengefühl angerichtet, präsentiert sich die ambitionierte und mehrfach ausgezeichnete Küche von Bernhard Hochkogler und seinem Küchenteam. Das traditionell-gemütliche À-la-carte-Res-taurant „Stubn 1972" zeigt sich als eines der besten Haubenlokale der Region. Produkte von höchster Qualität aus heimischer Herstellung – nach Möglichkeit biozertifiziert – werden nach dem Lauf der Jahreszeiten zu Hochköstlichem veredelt. Mühelos hält die Verwöhnpension mit einem fünfgängigen Abendmenü das hochkarätige kulinarische Format des Hauses.

© JennyHaimerl

Zum erlesenen Wohlfühlplatz hat Familie Mingler ihr Alpin-Spa gemacht. Vom Infinity-Indoor-Pool ist der Blick auf das Bergpanorama der Kitzbüheler Alpen einfach nur traumhaft. Herrlich die Wärme bei einem Saunagang, während man danach die Stille auf der Dachterrasse oder im Ruhe- und Loungebereich genießt. Womit noch nichts über die Panorama-Außensauna mit Aussicht auf den Kirchberger Sonnberg gesagt ist. Dem Wellness-Liebhaber soll es auch bei den individuell abgestimmten Spa-Anwendungen an nichts fehlen. Die Gäste, die oft von weither anreisen, sind sich einig: Die Sportalm ist ein Genießerhotel für Leib und Seele – und ganz besonders für den feinen Gaumen.

Gourmet- und Genießerhotel
Minglers Sportalm
Gastgeber: Familie Mingler
Brandseitweg 26
A-6365 Kirchberg bei Kitzbühe
Telefon: 00 43 / 53 57 / 27 78
info@hotel-sportalm.at
www.hotel-sportalm.at

HOTEL THIERSEERHOF

Saftig-grüne Almwiesen und dichte Wälder, Naturbergseen und klare Bäche – wer ins Kufsteinerland reist, ist überwältigt von der herrlichen Tiroler Bilderbuchlandschaft. Die Idylle setzt sich fort, sobald man in die Brandenburger Alpen am Hochplateau des Thierseetales gelangt. Ein Kraftort abseits der großen Trassen für all jene, die Erholung und Ruhe suchen oder sportlich aktiv die Region beim Wandern und E-Biken entdecken wollen. Wie sechs glitzernde Perlen liegen die Bergseen des Kufsteinerlandes inmitten von Wiesen, Wäldern und Bergen. Wo sich der idyllische Thiersee vor der Kulisse der Tiroler Bergkulisse als einladender Blickfang zeigt, lädt Familie Juffinger dazu ein, die schönste Zeit des Jahres in der Tiroler Natur zu verbringen und die Vorzüge ihres schmucken Familienbetriebes kennenzulernen.

Geführt wird das charmante Vier-Sterne-Hotel Thierseerhof in zweiter Generation von Wolfgang Juffinger und Nadine Bertz, die an diesem herrlichen Flecken Erde einen authentischen und naturverbundenen Ort zum Wohlfühlen geschaffen haben. Herrlich im Sommer das kristallklare und bis zu 24 Grad warme Wasser des Sees, das zu Wassersport und ausgedehntem Badespaß einlädt.

Zurück im Hotel, bietet sich viel Freiraum für das wohltuende Zuhause-Gefühl, wie es vielleicht nur ein Betrieb mit familiärer Atmosphäre zu vermitteln vermag. Alles bei Familie Juffinger, so wird rasch klar, ist angerichtet für eine Auszeit vom Alltag. Am liebsten gar nicht mehr verlassen möchte man die Zimmer – eingerichtet mit hochwertigen Naturmaterialien und veredelt mit feinstem Komfort. Schön zu erleben, dass es überall im Haus herrlich nach Zirbe duftet. Das Zirbenholz ist ein wichtiges Element im gesamten Thierseerhof. Regional verwurzelt, sind die Gastgeber dennoch stets offen für die Anforderungen der Zeit. So wurden sämtliche Zimmer renoviert und auch der Wellnessbereich erstrahlt im neuen Glanz. Mit Blick in den Garten lassen im

Spa mit Saunalandschaft, im Hallenbad und im lichtdurchfluteten Ruheraum weitere Glücksmomente nicht lange auf sich warten.
Hier kann man sich vielleicht schon einmal auf die kulinarischen Wonnen einstimmen. Die Schätze der Natur vor der Haustür werden nach dem Lauf der Jahreszeiten von Gastgeber und Küchenchef Wolfgang Juffinger zu allerlei Köstlichkeiten auf der Karte komponiert. Einfach lecker, das Lamm mit Kartoffelgratin oder das Forellenfilet mit Kräuterbutter. Dazu fließen hochwertige „Goldene" und „Rote" ins Glas. Schön, dass der Thierseerhof Mitglied der Vereinigung Green Chefs ist und sich auch „BewusstTirol" mit überwiegend regionalen und saisonalen Produkten verpflichtet fühlt. Strom-Tankstellen für E-Autos unterstreichen den Nachhaltigkeitsgedanken. Kurzum: Woher man auch gerade kommen mag, hier fühlt man sich ganz einfach willkommen!

Hotel Thierseerhof
Gastgeber: Familie Juffinger
Hinterthiersee 74
A-6335 Thiersee/Tirol
T: 00 43 / (0) 53 76 / 5 51 00
hotel@thierseerhof.at
www.thierseerhof.at

HOTEL MAIENSEE

„Schneesicher bis April.“ Welcher Skifahrer hört das nicht am liebsten, wenn er sich hoffnungsvoll nach Winterurlaub erkundigt. Dieses Schneeparadies heißt Arlberg und gilt als die Wiege des alpinen Skilaufs. Aber auch in den warmen Monaten hat dieses wunderschöne Fleckchen Erde seinen Besuchern viel zu bieten. Über 300 Kilometer markierte Wanderwege führen durch eine einzigartige Landschaft mit majestätischen Bergen, grünen Almwiesen und rauschenden Wildbächen.

Von ihrer gastlichen Seite zeigt sich die österreichische Urlaubsregion im Hotel Maiensee von Gastgeberfamilie Traxl. Schön zu erleben, wie sie die Tradition der Gastlichkeit liebevoll erhält und zugleich mit ihrer frischen persönlichen Art Gästen den Aufenthalt zum Vergnügen macht. Über Jahrzehnte ist das Haus zu einem Vier-Sterne-Hotel erblüht, das die schönsten Seiten einer Auszeit am Arlberg mit Leben erfüllt. Das exklusive Alpendomizil bietet als Ski-in-/Ski-out-Hotel eine ideale Ausgangslage für Skifahrer und Snowboarder, da es sich direkt neben dem Sessellift und an der Skipiste befindet und unvergessliche Winterferien inmitten der Berge verspricht. Nicht nur dass hier alle Wintersportträume wahr werden, auch was die Vorzüge eines Hotels dieser Kategorie betrifft, sind die oft von weither angereisten Gäste am Ziel ihrer Wünsche.

Wohltuend, dass die Interieurs warme, anheimelnde und doch luxuriöse Atmosphären nicht ausschließen, sondern harmonische Symbiosen entstehen lassen. So zeigen sich sämtliche exklusiven und kürzlich komplett renovierten Arlberg Panorama Doppelzimmer und Suiten als wohnliche Oasen mit zeitgemäßem Komfort und herrlichem Ausblick in die alpine Berglandschaft.

Viel Freiraum für Privatsphäre bietet die 54 Quadratmeter große Arlberg Panorama Suite mit zwei Schlafzimmern, Luxusbad mit Wanne und Dusche sowie Sitzfenster und zwei Sitzecken.

Tiroler Finesse genießen Gäste auch in puncto Kulinarik. Urgemütlich geht es in den Tirolerstuben zu – teilweise mit offenem Kaminfeuer. Regionale und internationale Zubereitungen mit hochwertigen Produkten von ausgesuchten Erzeugern aus der Region sowie edle Tropfen im Glas kennzeichnen den Aufenthalt. Wo alpine Tradition auf modernen Lifestyle trifft, ist man im „1901 lounge & restaurant" genau am richtigen Platz. Funkiges Design mit Kuhfellen, Alpine Chic, Terrasse zum Sonnen und innen lässig Chillen sorgen für den stimmungsvollen Rahmen. Eine neue Attraktion zu entwickeln, das ist Familie Traxl auch mit der neuen Maiensee Burger Bar direkt am Skilift am Ender der Piste 64 gelungen. Zu lässiger Atmosphäre und cooler Musik wird hier der wohl beste Burger aus Bio-Rindfleisch am Berg serviert. Doch was wären die kulinarischen Genüsse ohne eine regenerative Auszeit? Sie kommt im Hotel Maiensee nicht zu kurz. Wohltaten für Körper und Seele lassen sich in der Bio-Zirben-Soft-Sauna, in der Infrarotkabine, im Kristall-Dampfbad, im Jacuzzi sowie in den Mineralienduschen mit reinem Quellwasser der Arlberger Bergwelt erleben. Für Massagen und Kosmetikbehandlungen steht den Gästen das Spa-Team nach Terminvereinbarung zur Verfügung.

Hotel Maiensee
Gastgeber: Familie Traxl
A-6580 St. Christoph am Arlberg
St. Christoph 24
T: 0 43 / 54 46 / 28 04
info@maiensee.com
www.maiensee.com

HOTEL SEEHOF AM WALCHSEE

Eingebettet zwischen dem Kaisergebirge im Süden und den Chiemgauer Alpen und Bayern im Norden, schmiegt sich der Kaiserwinkl um den malerischen Walchsee. Die imposanten Bergmassive des „Zahmen und Wilden Kaiser" haben der sonst sanften Landschaft zu Füßen der beiden Riesen den Namen gegeben. Gekrönte Häupter freilich haben hier nachweislich nie residiert. Dafür sind sozusagen die Gäste in der kaiserlichen Landschaft schon seit gut hundert Jahren König. Allein schon die über 200 Kilometer markierten Wanderwege und über 70 Kilometer Bikerouten sorgen für den gelungenen Aktivurlaub schlechthin. Direkt an der bayerischen Grenze in malerischer Landschaft vor traumhaften Bergkulissen liegt das beschauliche Kössen. Hoch hinaus geht es von hier das ganze Jahr über auf den Hausberg, den Unterberg. Das Unterberghorn sorgt im Sommer und im Winter für viel Action und herrliche Ausblicke in die Ferne.

Obwohl man sich am liebsten gar nicht von den beeindruckenden Naturerlebnissen trennen mag, lohnt natürlich ein Blick auf ein ganz besonderes Plätzchen. Wie es vielleicht nur ein Vier-Sterne-Superior-Hotel vermag, bietet der Seehof am Walchsee Urlaubsgenuss „par excellence". Wohl selten findet man ein alpines Hideaway mit einem so attraktiven Freizeitangebot.

Ob Reithalle, Tennisplätze, Indoor-Beachvolleyballplatz oder die 4000 Quadratmeter große Wassererlebniswelt – umfangreich sind die Möglichkeiten für das ganz persönliche

Wohlfühlprogramm. Vor allem Familien genießen ihre Auszeit hier: So können die Kids im hoteleigenen Club oder auch im Fußballcamp auf ihre Kosten kommen, während die Eltern in der weitläufigen Pool-Landschaft oder im neuen Saunadorf relaxen. Noch mehr Entspannung bietet die Wohlfühl-Atmosphäre in den stilvoll eingerichteten Zimmern und exklusiven Suiten – veredelt mit höchstem Komfort in elegantem Ambiente. Wo das Urlaubsgefühl eine neue Dimension erfährt, lassen auch die Darbietungen aus Küche und Weinkeller nicht lange auf sich warten.

Im ausgezeichneten Hotel-Restaurant werden die Gäste nach allen Regeln der Kunst verwöhnt. Mit viel Liebe zum Detail serviert das Küchenteam lokale Spezialitäten sowie internationale Köstlichkeiten aus regionalen Zutaten, die saisonal ausgesucht und schonend zubereitet werden. Die Seehof-Halbpension bietet außerdem ein reichhaltiges Verwöhnfrühstück mit Live-Cooking, Fünf-Gänge-Genießermenüs mit eigenem Kinderbüfett und internationale Themenabende, die nach Bella Italia oder Griechenland führen. Von der Terrasse hat man übrigens einen atemberaubenden Blick auf die faszinierende Bergwelt. Und in der Hotelbar in der Seetenne kann man schließlich unvergessliche Abende in ausgelassener Almhütten-Atmosphäre bei Live-Musik erleben. Hier können die Gäste bei einem Glas Wein aus dem hoteleigenen Weinkeller oder einem exotischen Cocktail den Tag gesellig ausklingen lassen. Woher man auch gerade kommen mag – im Seehof am Walchsee fühlt man sich einfach willkommen und wohl!

Hotel Seehof am Walchsee
Kranzach 20
A-6345 Kössen
T: 00 43 / 53 74 / 56 61
E-Mail: info@seehof.com
Internet: www.seehof.com

JERZNER HOF

Auf einer Sonnenterrasse am Fuße des Ski- und Wandergebiets Hochzeiger thront das einstige Bergbauerndorf Jerzens über dem vorderen Pitztal – so, als sei es ein wenig der Zeit entflohen. 1100 Meter über dem Alltag und auf der Westflanke des mächtigen Hochzeigers gelegen, entfaltet sich an diesem herrlichen Fleckchen auf der Sonnenterrasse des Tales die umliegende Bergwelt als einladender Blickfang. Hier kann man wertvolle Zeit verbringen und sich im Sommer bei Wanderungen und Mountainbiketouren auf ausgedehnten Wegen körperlich und mental erholen. Herrlich die Aussicht auf kristallklare Seen und schroffe Gipfel und Gratverläufe. Als naturkundliche und landschaftliche Besonderheiten dieser Region gelten die Karseen, die Ritzenrieder Bergmähder, der Stuibenwasserfall sowie die inneralpine Trockenvegetation. In der kalten Jahreszeit ist auf dem Dach Tirols, das mit seinem Pitztaler Gletscher das höchste Skigebiet Österreichs (3440 Meter) zu bieten hat, für hohe Schneesicherheit und einen frühen Start ins Wintergeschehen gesorgt.

Weil Jerzens noch von den für die Alpen typischen Zirbelkiefernwäldern umgeben ist, hat man sich hier ganz diesem Baum und seinem wunderbaren Duft gewidmet. Wer etwa die Zirbe mit allen Sinnen genießen möchte, besucht den ZirbenPark an der Hochzeiger-Mittelstation. Das Hochzeiger Ski- und Wandergebiet, welches sich hinter dem Hotel von ca. 1450 bis 2500 Metern erstreckt, ist ein idealer Ausgangspunkt für zahlreiche Wanderungen und Ausflüge. Zurück bei Familie Eiter, ist in ihrem schmucken Jerzner Hof alles angerichtet für eine Auszeit vom Alltag. In den Zimmern genießen Gäste Ambiancen im modernen Tiroler Stil.

Auch was die kulinarischen Wonnen zu bewirken vermögen, zeigt sich im Haus eindrucksvoll. Aus dem Besten der Region und kreativen Rezeptideen kreieren die Genuss-Profis in der Küche feinste Gaumenfreuden mit viel Fingerspitzengefühl. Vom Verwöhn-Frühstücksbüfett über das Light-Lunch-Büfett bis hin zum abendlichen Gourmetmenü und dem sonntäglichen Gala-Dinner ist für allerlei Gaumenfreuden gesorgt.

© Florian Busch

Womit noch nichts über den Wellnessbereich gesagt ist: Zum Relaxen gibt es einen 1400 Quadratmeter großen Spa. Wohlige Wasserwonnen genießt man im Hallenbad mit Massageliegen, im Außen-Whirlpool, im Kaltpool oder im Naturbadeteich. Als weiteres Highlight des Wellnessbereichs zeigt sich die Saunawelt, wo Saunafreunde garantiert ins Schwitzen kommen.

Jerzner Hof
Gastgeber: Familie Eiter
Oberfeld 170
A-6474 Jerzens im Pitztal
T: 00 43 / 54 14 / 85 10
F: 00 43 / 54 14 / 85 10-12
info@jerznerhof.at
www.jerznerhof.com

GROSSLEHEN**** HOTEL & CHALETS

Es gibt Stichworte, die zwangsläufig einen bestimmten Film im Kopf abspulen lassen. Fallen beispielsweise die Worte „Tirol", „Natur-Refugium" und „Alleinlage", denken Liebhaber von Wohlfühlurlaub sofort an das Grosslehen**** Hotel & Chalets in den Kitzbüheler Alpen. Wo sich Ruhe und Ungestörtheit wie ein grüner Teppich in der Natur ausbreiten, thront das stadtferne Refugium auf einem sonnigen Plateau über der Ortschaft Fieberbrunn im schönen Pillerseetal, so als sei es ein wenig der Zeit entflohen. Vor 300 Jahren stand hier lediglich ein altes Bauernhaus, das nur zu Fuß erreicht werden konnte. Heute ist ein stilvolles Vier-Sterne-Haus und exklusives, alpines Hideaway daraus erblüht, in dem der Gastgeber Markus Geisl in fünfter Generation zusammen mit seiner Frau Bettina die Wärme Tiroler Gastfreundschaft mit Leben füllt. Fest mit der Region verwurzelt, zählt ihr Familienbetrieb sozusagen zu den Grundfesten des Ortes, ist die gastliche Adresse für die Geisls gleichzeitig ein Stück erfülltes Leben, stehen drei Generationen für das familiäre Miteinander unter einem Dach.

© David Herbst

Mit viel Gespür für die umgebende Natur wurden die Chalets, Zimmer und Suiten eingerichtet. Vorzüglich die Lage der zweistöckigen, gemütlich und zugleich luxuriös gestalteten Chalets – am hoteleigenen Naturbadeteich nahe dem Waldrand stehen sie genau am richtigen Platz. Schon am Morgen stimmt der traumhafte Ausblick durch große Fensterfronten auf die umliegende Bergwelt auf den Tag ein. Auf die besondere Ausrichtung der Chalets wurde großer Wert gelegt. Die Häuser kleiden sich in Tiroler Altholz; für eine naturnahe Innenausstattung wurden ausgewählte Materialien aus der Umgebung verwendet, was sich bereits in den hochwertigen Eichenholzfußböden zeigt. Jedes Chalet verfügt über drei Schlafzimmer mit Boxspringbetten, ein Badezimmer im Erdgeschoss mit Badewanne und separatem WC, ein Badezimmer im Obergeschoss sowie eine private Sauna. Eine voll ausgestattete anthrazitfarbene Tischlerküche mit großem Eichenholztisch schafft viel Platz für gemeinsame Mahlzeiten. Ob auf der privaten Sonnenterrasse zum Frühstück, im Loungebereich mit Schlafsofa oder vor dem Kamin – in den Chalets findet jeder seinen Lieblingsplatz. Wer will, kann natürlich auch die Annehmlichkeiten des angrenzenden Vier-Sterne-Hauses genießen.

© OFF KOMMUNIKATION

Schön zu erleben, wie Familie Geisl sorgsam den Bezug zur Tiroler Heimat pflegt und mit ihrer traditionellen Landwirtschaft das Prinzip „farm to table“ lebt. Auf den Tisch kommen sämtliche Erzeugnisse vom angrenzenden Bauernhof, zu dem heute auch schottische Hochlandrinder und Kunekune-Schweine gehören, um die sich Markus Geisl liebevoll kümmert. Das Fleisch der Hochlandrinder und der Speck von den Schweinen sind von höchster Qualität, darauf legt Markus Geisl größten Wert. Stammt das Fleisch nicht aus der eigenen Landwirtschaft, so kommt es aus Tirol oder Österreich. Doch für die Gastgeber ist nicht nur die Herkunft der Lebensmittel, sondern auch ein verantwortungsvoller Umgang mit Tier und Umwelt entscheidend. Was nicht am Grosslehen wächst und gedeiht, liefern ausgesuchte Produzenten, fast ausschließlich aus der Umgebung, die die Geisls persönlich kennen und mit denen sie schon lange zusammenarbeiten.

Täglich fortgeschrieben wird der Ruf der Urlaubsstimmung an einem ganz besonderen Kraftort. Im Grosslehen Spa führen Ruhe und Entspannung Regie. Ein Ort, um Energie zu tanken und die Welt mit neuen Augen zu sehen.

In der finnischen Blocksauna, in der Bio-Kräutersauna, im Dampfbad oder bei Ayurveda-Massagen dreht sich alles um Regeneration und Wohlbefinden. Seinen eigenen gedanklichen Wegen nachgehen, das lässt sich vorzüglich in der Holz-Ruhelounge mit Bergblick oder auf der Panorama-Liegewiese mit Kraftinseln. Wo im Sommer die Hochlandrinder vor dem Fenster grasen, glitzert im Winter der meterhohe Schnee und lockt zum Reinspringen nach dem Saunagang. Zur Abkühlung dient sommers wie winters auch der 250 Quadratmeter große Naturbadeteich. Naturbegeisterte erkunden beim Skifahren, Wandern und auf Bike-Trails die herrliche Landschaft im Pillerseetal.

© David Herbst

*Grosslehen**** Hotel & Chalets*
Lehen 21
A-6391 Fieberbrunn
T: 00 43 / (0) 53 54 / 5 64 55
office@grosslehen.at
www.grosslehen.at

TRATTERHOF MOUNTAIN SKY HOTEL

Gastgeberfamilie Gruber-Hinteregger.

Die Natur hat das Sonnendorf Meransen bei Mühlbach im Pustertal reich beschenkt. Angesichts der natürlichen Schönheit der Landschaft mit majestätischen Berggipfeln, dunklen Wäldern und saftig grünen Almen lässt der Ruf der Ferienstimmung nicht nach. Eine würdige Kulisse für das luxuriöse Vier-Sterne-Superior Tratterhof Mountain Sky Hotel. Wer hier auf 1 500 Meter Seehöhe vorfährt, belohnt sich mit dolomitischem Traumpanorama, lässt die Seele baumeln, kann sich sportlich betätigen und ist auch den Darbietungen aus Küche und Keller nicht abgeneigt. Das Hideaway ist zugleich perfekter Ausgangspunkt für Gipfelwanderungen, Panoramaausflüge oder Bikertouren in der Almenregion Gitschberg Jochtal.

Allein schon die Entwicklung des Hauses von einem kleinen Bauernhof mit nur zwei Kühen und wenigen Ziegen zu einem der schönsten Domizile der Region ist bemerkenswert. Und tatsächlich – Stillstand liegt der sympathischen Gastgeberfamilie Gruber-Hinteregger nicht im Blut, stets davon angetan, ihr Hotel mit frischem Blick nach vorn an den Anforderungen der Zeit auszurichten, ohne freilich die Tradition zu vergessen.

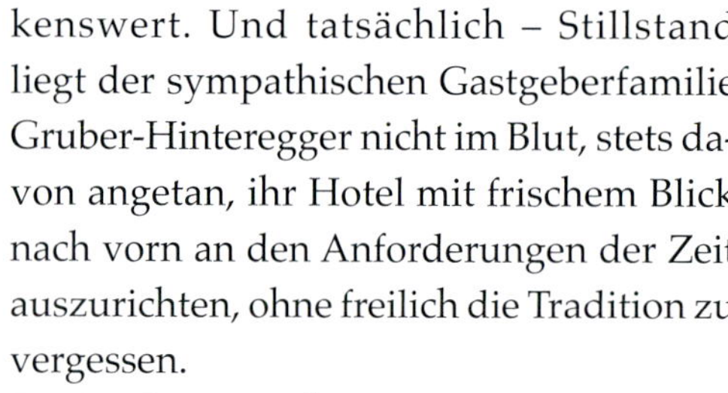

Ein Ort für Menschen, die das Leben lieben, die auf der Suche nach Naturgenuss sind und sich den Sinn für Ambiente und Atmosphäre bewahrt haben. Schon allein die individuelle Terrassenbauweise vermittelt das Gefühl von Freiheit am Berg. Hier hoch oben ist man Panorama-Spezialist, denn die Dolomiten scheinen zum Greifen nah. Zum Beispiel beim Blick aus den wunderschönen Zimmern und Suiten, die mit

jedem nur erdenklicken Komfort ausgestattet sind und ein wunderbares Zuhause auf Zeit bieten. Perfekt für die ganze Familie: die Luxury Suite Chalet Monte Silva mit Südterrasse. Bei einer Größe von 120 Quadratmetern bietet sie bis zu sechs Gästen ausreichend Platz.

Wellness-Genießer stehen im 4000 Quadratmeter großen Monte Silva Mountain SPA auf 1500 Meter über dem Meeresspiegel sozusagen über den Dingen. Täglich zwei Showaufgüsse, zwei himmlische Infinity-Pools und acht Saunen verschiedener Typen stehen für ein exklusives Spa-Erlebnis zur Verfügung. Ein separater Familien-Wellnessbereich und die Beauty Farm vereinen sich im Monte Silva Mountain Spa zu einer herausragenden Welt des Well-being.

Harmonisch die Liaison aus traditioneller Südtiroler Kochkunst und mediterranen Köstlichkeiten im Rahmen einer Cucina Alpina. Die Natur vor der Haustür steuert vieles zu den kulinarischen Freuden auf dem Teller bei. Mit großer Sorgfalt werden von den Akteuren am Herd hochwertigste Lebensmittel bei den Bauern der Region ausgewählt. Frau Gruber, Gastgeberin mit Leib und Seele, verrät Gästen einmal wöchentlich im Kochkurs die Geheimnisse der Südtiroler Knödelkunst. Bei den wöchentlichen Verkostungen werden die edelsten Tropfen aus dem opulenten Weinkeller kredenzt.

Tratterhof
Mountain Sky Hotel
Gastgeber:
Familie Gruber-Hinteregger
Großbergstr. 6
I-39037 Mühlbach – Meranser
T: 00 39 / 04 72 / 52 01 08
info@tratterhof.com
www.tratterhof.com

HOTEL BURGSEELI UND RESTAURANT Q

Am nördlichen Ufer des Brienzersees und am Südhang des Harder liegt die Gemeinde Ringgenberg-Goldswil – knapp 2700 Einwohner, der ideale Ausgangspunkt in die Jungfrau- und Brienzersee-Region des Berner Oberlands. Ursprünglich hieß der Ort Ringgenwil und wurde durch die Errichtung der Burg des Ritters und Reichsvogts Kuno von Brienz im 14. Jahrhundert umbenannt in Ringgenberg. Die Adelsfamilie nannte sich fortan so. Im Jahre 1853 schlossen sich Goldswil und Ringgenberg zu einer Gemeinde zusammen. Urige Chalets, imposante Burgruinen und interessante Kirchen prägen das pittoreske Landschaftsbild an diesem herrlichen Fleckchen Erde. Ausgedehnte Wanderwege eröffnen herrliche Ausblicke auf Berge und Seen. Nicht weit von Ringgenberg-Goldswil ist es zum Harder Kulm, dem 1322 Meter hohen Hausberg von Interlaken.

Doch nicht nur Naturgenießer bringt die Region im Herzen der Schweiz in Bewegung und zum Schwärmen. Für viele ist eine Reise in diese Bilderbuchlandschaft untrennbar mit einem Aufenthalt im Hotel Burgseeli verbunden. Welch ein Glück, dass der engagierte Pächter und Gastro-Profi Peter Schenkel mit seinem Team die Wärme Schweizer Gastfreundschaft pflegt, kompromisslos auf Qualität setzt und auch das Gespräch von Mensch zu Mensch im Vordergrund steht.

Mit einem herzlichen „Grüessech“ werden Gäste sowohl im Hotel als auch im weithin bekannten Restaurant Q als Bühne für feine Genuss-Momente empfangen. Nicht von ungefähr wurde dieser Ort des guten Geschmacks im Rahmen der Swiss Location Awards zu einer der besten Genusslocations der Schweiz gewählt. Was von reisefreu-

digen Feinschmeckern auch entsprechend geschätzt wird. Wunderschön geschmackvoll zeigt sich die Einrichtung, mit stilsicherem Gespür gestaltet und perfekt aufeinander abgestimmt. Wo die Sinne über die Augen vom Interieur fasziniert sind, lohnt natürlich ein Blick auf den Teller. Ausgesuchte Zutaten aus der Schweiz sowie der heimischen Region werden nach dem Lauf der Jahreszeiten zu Hochköstlichem veredelt. Schön, dass die Küchencrew „Überzeugungstäter" ist, was Frische, Qualität und die handwerkliche Sorgfalt bei der Zubereitung der Speisen nach den Regeln moderner und hoher Kochkunst betrifft.

Eine aufregende Beziehung gehen die heimischen Weine zu den kulinarischen Schwelgereien ein. Die Weinkarte deckt sämtliche Kantone ab und versammelt sowohl Spitzentropfen als auch Newcomer mit Potenzial.

Den leiblichen Genüssen steht der visuelle Genuss der Interieurs in nichts nach. Neu renovierte Zimmer punkten mit wohltuender Wohlfühlatmosphäre – stilsicher eingerichtet mit viel Liebe und Sorgfalt. Im Haus, so ist der Eindruck, weiß man nur zu gut, was Gäste von ihrem Urlaubsdomizil für die Zeit ihres Aufenthaltes wünschen. Kurzum: Das Hotel Burgseeli ist ein Ort für Menschen, die das Leben und den feinen Genuss lieben, die die Natur erleben und sich an der einzigartigen Landschaft des Berner Oberlandes erfreuen wollen.

Hotel Burgseeli
Restaurant Q
Gastgeber: Peter Schenkel
Hauptstrasse 79
CH-3805 Goldswil
T: 00 41 / 3 38 23 02 22
oder 00 41 / 7 94 22 90 79
info@burgseeli.ch
www.burgseeli.ch

HOTEL BELVEDERE

Wenn es sie nicht gäbe, müsste man diese privilegierte Lage erfinden: Als sei es mit seiner Umgebung eins geworden, thront das Hotel Belvedere hoch über Locarno mit herrlicher Sicht auf die Berge und den in der Sonne glitzernden Lago Maggiore. 130 Jahre alt, auf halbem Weg zur Kirche Madonna del Sasso, zeigt sich das charmante Hideaway geradezu prädestiniert, um bei allem modernen Hotelkomfort dem Alltag zu entschweben und eine Prise „Italianità" zu genießen.

Allein schon die Anfahrt über die nostalgische Standseilbahn Funicolare Locarno–Madonna del Sasso verwöhnt mit traumhaften Ausblicken und stimmt, langsam hinaufgleitend, auf den Aufenthalt ein. Wo schon immer Persönlichkeiten aus Kunst und Kultur in geschichtsträchtigen Mauern logierten, füllt Gastgeber Michele Rinaldini heute den Begriff „Tessiner Gastfreundschaft" mit Leben. Gewachsene Tradition und Gastlichkeit prägen das Flair des Hauses, das spürt man überall. Aber so eine Atmosphäre will natürlich lebendig gehalten werden, und das glückt hier vom Check-in bis zum oft wehmütigen Abschied auf wunderbare Weise.

Stilsicher dem Zeitgeist angepasst wurden die zauberhaften Zimmer und Suiten – allesamt nach Süden mit Panoramablick auf die Bergwelt, den Lago Maggiore und Locarno ausgerichtet. In den Vier-Sterne-Superior-Komfort des Hauses fügt sich das luxuriöse Oasi Spa mit Innen- und Außenpool harmonisch ein. Und natürlich tragen wohltuende Massagen und Beauty-Behandlungen dazu bei, rasch in den Entspannungsmodus zu wechseln. Wie für ein mediterran anmutendes Hideaway üblich, verleugnet auch der umgebende Garten seinen Reiz nicht. Beim Relaxen auf der Liegewiese oder beim südeuropäischen Spiel Pétanque rückt der Alltag in weite Ferne.

COMEDIL

© Liliana Lafranchi

© Liliana Lafranchi

Ein absolutes Highlight des bereits im 16. Jahrhundert als Palazzo erbauten Hauses ist die Kulinarik. Die internationale Küche mit starkem Fokus auf lokalen Produkten wurde mehrfach von einschlägigen Gourmet-Guides ausgezeichnet und begeistert Feinschmecker von nah und fern. Wunderschön präsentiert sich das Restaurant „La Fontana" – stylish mit offener Küche und dabei doch ausgesprochen gemütlich. Dezente Grautöne, ein großer, klimatisierter Weinschrank, eigens für das „La Fontana" kreierte, mediterran-orientalische Kacheln und 100 Designerlampen in Form von umgedrehten Weingläsern sorgen für eine ganz besondere Atmosphäre.
Nicht fehlen dürfen auf der saisonal ausgerichteten Speisekarte Klassiker wie Seezunge nach Müllerinart „La Fontana", Babyspinat und lila Kartoffel-Millefeuille oder Rinderfilet mit Garnitur, cremige grüne Petersiliencreme und Zwiebel-Merlot-Brotchips. Ein Traum, die hausgemachten Kürbisgnocchi in Majoranbutter. Auch Vegetarier und Menschen, die vegan leben, werden auf der Speisekarte fündig. Sie genießen im „La Fontana" ein ganzes Menü – von der Vorspeise bis zum Dessert. Ein besonders romantisches Plätzchen ist die von Palmen gesäumte Terrasse mit dem historischen Brunnen (anno 1815), der dem Restaurant seinen Namen gab. Edle Tropfen können sich die Gäste nach eigenem Gusto und ausführlicher Beratung im „ La Fontana" aus der Weinvitrine aussuchen. Womit das Genussglück schlussendlich perfekt wäre!

© Hannes Niederkofler

Hotel Belvedere
Gastgeber: Michele Rinaldini
Via ai Monti della Trinità 44
CH-6600 Locarno
T: 00 41 / (0) 91 / 751 03 63
info@belvedere-locarno.com
www.belvedere-locarno.com

ENGADIN CHALET

Es sind die Engadiner Häuser, die Lage am Beverin und das Seitental Val Bever, die dem pittoresken Dorf Bever im Herzen des Engadins seinen einzigartigen Charme verleihen. Wo nichts und niemand im Angesicht der grandiosen Naturkulisse die Ruhe stört, zeigt sich die Region auch im Winter von ihrer schönsten Seite. Ob man auf gut gespurten Winterwanderwegen, auf Langlaufskiern oder Schneeschuhen durch das Val Bever wandert, die Natur- und Berglandschaft entfaltet die ganze Kraft einer Winterwunderwelt. Kenner dieses winterlichen Naturjuwels zieht es indes in ein ganz besonderes Luxus-Chalet: Das Engadin Chalet von Lenka und Fabian Erny ist gemacht für alle, die die Vorzüge eines hochkarätigen Private Retreats schätzen. Auf 1717 Metern Seehöhe gibt es viel Freiraum für all die Dinge, die zu Hause in der Regel zu kurz

Gastgeberfamilie: Fabian und Lenka Erny mit ihren Kindern.

Fotos: © Florian Scherl

37
ENGADIN CHALET

kommen. Durchatmen, neue Energie tanken und auf spannende Entdeckungsreisen gehen, das lässt sich hier im Reigen entspannter Urlaubstage mit Sicherheit vortrefflich.

In diesem Hideaway können bis zu sechs Gäste logieren. Ideal für zwei Personen: das gemütliche Chalet-Appartement in der Hauptresidenz. „Es war unser Traum, selbst Gastgeber zu sein. Die Menschen sehnen sich nach Ruhe, nach Privatsphäre. Sie möchten das schnelle Leben für eine gewisse Zeit ausschalten, ein komfortables, schönes Ambiente genießen. Diese Wünsche wollen wir ihnen erfüllen. Wir bieten unter anderem einen Chalet-Brötchen-Service, Massagen, Skiunterricht in unserer hauseigenen Skischule, geben Restaurant- und Ausflugstipps", erklärt Hotelfachmann Fabian Erny, der zusammen mit seiner Ehefrau Lenka (die Gastgeberin war zweifache Weltmeisterin im Tiefschneefahren) das Hideaway am 8. Dezember 2022 eröffnete.

Auf rund 150 Quadratmetern, verteilt auf zwei Ebenen, schmückt sich das Premium Chalet mit einem großen Wohnraum, einem eigenen, exklusiven Wellnessbereich, einer voll ausgestatteten Küche sowie drei luxuriösen Schlafzimmern mit zwei großzügigen und hochwertig ausgestatteten Bädern. Sehr schön, das Private Chalet-Spa mit Altholz-Sauna-Hüsli mit Natursteinverkleidung, Whirlwanne, großzügiger Wasserfalldusche mit Alpenquellwasser und Ruheraum mit Liegen sowie einem Spa-Cheminée, ergänzt durch eine Infrarotliege.

In der Hauptresidenz gleich neben dem Chalet befindet sich des Weiteren das „Engadin Chalet Appartement". Ein großzügiges Appartement für zwei Personen mit abtrennbarer Küche auf einer Wohnfläche von rund 50 Quadratmetern mit hochstehendem Innenausbau. Somit können auch größere Gruppen mit bis zu acht Personen im Engadin Chalet ihre Ferientage verbringen.

Engadin Chalet
Gastgeber:
Lenka und Fabian Erny
Culögnas 17, CH-7502 Bever
T: 00 49 / (0) 5 21 / 9 11 11-50
info@hideaways-hotels.com
www.hideaways-hotels.com

ROMANTIK HOTEL MUOTTAS MURAGL

St. Moritz zu Füßen und die spektakuläre Aussicht auf die Oberengadiner Seenlandschaft sowie das Berninamassiv vor der Nase – da schlägt einem das Herz sogleich bis zum Hals. Und der märchenhafte Eindruck verfestigt sich mit jedem weiteren Augenblick: Mit 2456 Metern Höhe auf einem der schönsten Aussichtspunkte im Engadin liegend, nimmt das Romantik Hotel Muottas Muragl wahrlich einen Logenplatz über dem Alltag ein.

Allein schon die Anreise mit der historischen Standseilbahn ist ein Erlebnis für sich. Gemächlich „rollt" sie den Berg hinauf. Immer kleiner werden die Seen und Dörfer, immer überwältigender die schneebedeckten Gipfel. Höher kann man wohl kaum so behaglich residieren und so exklusiv speisen. Das alpine Hideaway bietet alles, was man von einem unvergesslichen Aufenthalt in der herrlichen Schweizer Bergwelt erwartet.

Wo jede Jahreszeit mit ihrer eigenen Schönheit auftrumpft, zelebrieren Gastgeber Michael Müller und Küchenchef Lukas Pfaff zusammen mit ihren Gästen das Glück

@Engadin St. Moritz Mountains AG / Fotograf: Stefan Bienz

gadin St. Moritz Mountains AG / Fotograf: Fabian Gattlen

des Augenblicks. Romantische Sonnenuntergänge, ein unvergleichliches Panorama, frische Bergluft und Natur pur rundherum sind Begleiter unbeschwerter Tage. Den Kopf frei bekommen, den Alltag vergessen und einfach nur genießen – das kann man nirgendwo besser als an diesem geschichtsträchtigen Kraftort und in diesem mit viel Herzblut persönlich geführten Refugium.

© Engadin St. Moritz Mountains AG / Fotograf: Stefan Bienz

Wie für einen stimmungsvollen Urlaub geschaffen sind die mit einem Hauch Romantik veredelten Gemächer. Im wohl schönsten, nachhaltigen Berghotel der Schweizer Bergwelt logieren Gäste in 16 gemütlich eingerichteten Arvenholz-Zimmern. Wer in der 26 Quadratmeter großen Junior Suite Bernina mit separatem Schlaf- und Wohnbereich sowie großzügiger Dachterrasse logiert, darf sich von frühmorgens bis spätabends mit der Sicht auf die glitzernden Seen des Oberengadin verwöhnen. Auf eine stilvolle Ambiance muss in diesem Hotel aber ohnehin niemand verzichten.

© Engadin St. Moritz Mountains AG / Fotograf: Federico Sette

Dass man diesen Ort am liebsten gar nicht mehr verlassen will, hat nicht zuletzt mit den kulinarischen Freuden des Hauses zu tun. Für Hochgenuss ist beim Mountain Dining im Panoramarestaurant und beim Lunch oder Apéro auf der Sonnenterrasse gesorgt. Besonders fein eingestimmt auf die romantische Strahlkraft der Location wird man bei einem mehrgängigen Romantikmenü „Großmutters Art", zart verschmolzen mit einem asiatischen Touch – Feinschmecker-Herz, was willst du mehr? Sorgfältig ausbalanciert präsentiert sich ebenso die Weinkarte, auf der rote und weiße Tropfen aus der Schweiz das Bekenntnis zur Heimat unterstreichen, bereichert durch eine schöne Auswahl an internationalen Kreszenzen.

© Engadin St. Moritz Mountains AG / Fotograf: Fabian Gattlen

Und es darf noch vor der nostalgischen Fahrt hinunter in den Alltag darauf gewettet werden, dass bei all den abwechslungsreichen Aktivitäten im Schnee, inmitten blühender Sommer-Alpwiesen oder mit Weitblick über den herbstlichen Indian Summer so manches weitere „romantische Gastspiel" in diesem zauberhaften Refugium ins Visier genommen wird.

Romantik Hotel
Muottas Muragl
Gastgeber: Michael Müller
Punt Muragl 3
CH-7503 Samedan
T: 00 41/ (0) 81/ 8 42 82 32
info@muottasmuragl.ch
www.muottasmuragl.ch

GRACE LA MARGNA

Seit Ende August 2023 bereichert das neue Luxushotel Grace La Margna die ausgezeichnete Hotellerie in St. Moritz. Das 74-Zimmer-Boutiquehotel, aufgeteilt in zwei Gebäudeflügel, ist mit fünf Sternen Superior ausgezeichnet und trägt die Spezialklassifizierung „Design" von HotellerieSuisse.

Der „Grace Wing" hat 27 Zimmer, die alle klimatisiert sind und mit ihren bodentiefen Fenstern einladen, die beeindruckende Natur der legendären Destination im Engadin zu bewundern. Das einzigartige Wohn-Highlight des Hauses ist das Penthouse mit der Terrace Suite auf der vierten Etage, die wohl einen der schönsten Ausblicke über das Oberengadin bietet. Die 47 Zimmer im „La Margna Wing" überzeugen durch zeitgemäße Gemütlichkeit mit allen luxuriösen Annehmlichkeiten, die man sich vorstellen kann. Die vom Londoner Architekturbüro Divercity Architects entworfenen Zimmer und Suiten bestechen durch ein modernes Design und strahlen einen lässigen Luxus aus. Die vielfältige Ausstattung und zahlreichen Inklusivleistungen runden das Angebot ab.

Natürlich bleiben in einem Domizil dieser Klasse auch keine kulinarischen Wünsche offen. Executive Chef Andrea Bonini zaubert mit seiner Küchencrew kreative Köstlichkeiten auf die Teller, von denen man nicht genug bekommen kann. In der Bar N/5 – THE BAR genießt man Cocktails, die aus der Feder von Head Mixologist und Bar Manager Mirco Giumelli stammen.

Im Wellnessbereich findet man ein holistisches Wellbeing-Programm auf 700 Quadratmetern, das pure Entspannung verspricht.

POLOHERITAGE

Mit der Kraft der Berge und einer Aura des Außergewöhnlichen hat Mutter Natur schon immer den Ton angegeben. Wasser in all seinen verschiedenen Formen besitzt eine heilende und entspannende Kraft für sich. Genauso wie der Granit, der den Geist und den Körper ermutigt, ein oder zwei Atemzüge zu machen und innezuhalten, um daran zu erinnern, wie notwendig Entspannung und Relaxation sind. Indem die Engadiner Natur in das Interieur des Wellnessbereichs integriert wird, verwandelt sich der Spa in eine Oase, die ein Gefühl von Frieden und Harmonie vermittelt.

Die vielseitigen Spa-Treatments, die ebenfalls von den natürlichen Elementen inspiriert sind, führen dazu, Körper, Geist und Seele wieder in einen Zustand des Gleichgewichts zu bringen. Mit stillen Gewässern und majestätischen Bergen als Hüter dieses Heiligtums war es noch nie einfacher, die Verbindung zwischen Körper und Geist wiederzuentdecken.

Grace La Margna
General Manager:
David Frei
Via Serlas 5
CH-7500 St. Moritz
T: 00 41 / 81 / 8 32 22 10
welcome@gracestmoritz.ch
www.gracestmoritz.ch

POLO HERITAGE